ÖLÜMSÜZ KİTABIN SIRLARI

"Tora'da Anlatılan Hikayelerin Anlamı"

Semion Vinokur

ISBN: 978-1-77228-091-3

© Laitman Kabbalah Publishers

YAZAR: Michael LAITMAN

www.kabala.info.tr

KAPAK: Laitman Kabbalah Publishers

BASIM TARİHİ: 2023

Semion Vinokur

GEREKLİ BİR ÖNSÖZ
Değerli Okuyucu

Eğer yaşamın gizemini merak ediyor, zaman zaman varoluşun anlamı üzerinde düşünüp, "ölümsüzlüğün iksirini" bulmayı hayal ediyorsanız, bu kitaba sıkı sarılın; o sizin için.

Ölümsüz Kitabın Sırları, Tora'nın ilk beş kitabını (Latince; Pentateuch) nasıl okumamız gerektiğini, dış kabukları -kitabın dünyevi meseleleri anlatıyor gibi görünmesi- nasıl kıracağımızı anlatır ve var olan şeylerin arkasındaki gerçeği keşfetmemizi sağlar.

Bu beş kitabı sıralayarak başlayalım; Tekvin (Yaratılış), Çıkış, Levililer, Sayılar ve Tesniye. Türkçeye çevrilmiş bu başlıkların İbranicesi şöyledir; Bereşit (Başlangıçta), Şemot (İsimler), Vayikra (Ve O Çağırdı), Bamitbar (Çölde), Devarim (Kelimeler).

Bu kitapların şifreli olduğunu biliyor musunuz? Onları okurken bir dizi hikâye okuduğunuzu düşünüp, sık sık duruyor ve tüm bunların ne anlama geldiğini merak ediyor olabilirsiniz. Eski Ahit, Musevilik, Hristiyanlık ve İslam'ın temelidir ve bilgeler, filozoflar, yazarlar ve hatta politikacılar tarafından sürekli olarak alıntılar yapılarak kullanılmıştır. Onda özel olan şey nedir? Önce izin verin bu kitabı tarihi bir destan olarak algılıyor olmanızda yanlış bir şey olmadığı konusunda sizi ikna edeyim. Bu, gizli anlamı aradığınızın işaretidir ve eğer gerçekten arıyorsanız hiç şüpheniz olmasın, bulursunuz.

Sorularınızla bu konuyu bilen otoriteleri bombardıman ediyor olabilirsiniz ancak onlar sizi aydınlatamaz. Sayısız kaynağı okursunuz ama cevabı bulamadığınızı görürsünüz.

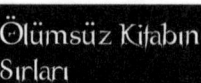

Semion Vinokur

Kitabın şifresini arıyor, gizli kapıdan yavaşça süzülüp içeri girmeye ve bu şifrenin içsel çalışmasını keşfetmeye çalışıyorsunuz. Yüzyıllardır eğitimciler bu şifrenin gizemini çözmek ve bir sonuç elde etmek için çok çabaladı ama hayal kırıklığına uğradı. Bu şifreyi bir şey kazanmak amacıyla kıramazsınız, o yüzden denemeyin bile.

Bu kitapların sırlarını açığa çıkarmak için ihtiyacınız olan tek şey bir "araç"-arzudur. Bu sihirli bir kelimedir ve sürekli olarak kendini yeniler.

Hayatın en önemli sorusunun derinliklerine inmeye karar verseydiniz nereden başlardınız? Kitabı açar ve kendinize şöyle derdiniz: "Bu benimle ilgili. Burada yazılı olan her şey ruhumun en derinlerine giden yolu gösteriyor."

Doğru, fakat izler zamanla silindi. Kendinizi bildiğinizden bu yana sadece dış dünyayla ilgilendiniz: Yeni bir ev, araba, mobilya satın almanın sevinci ve iyi bir yemek yemenin, güzel bir film seyretmenin mutluluğuyla beraber, parasızlık, işsizlik, karşılıksız aşk, ihanet ve daha birçoklarını deneyimlediniz... Ve bütün bunların size yeteceğini düşündünüz.

Fakat aniden bir şey oldu... Kendinizi tüm bu hazların boş ve geçici olduğu düşüncesiyle sarmalanmış buldunuz. Artık insanoğlunun -aklın ve kalbin olağanüstü birleşimi- bu dünyaya bedenini tatmin etmek ve sonra sonsuza kadar kaybolmak için doğduğu fikrini bırakmaya başlıyorsunuz.

Birden yaşamın sonsuza kadar sürebileceği aklınızda yer etmeye başlıyor.

Bu düşünceler nereden geliyor? Bilim kurgu gibi gelebilir, oysa... Önseziniz doğru olabilir mi? Evet, sonsuza kadar yaşayabilirsiniz.

Semion Vinokur

Bu düşünceler en derinlerden gelir. Orada içinizde ebediyetin var olduğu gizli bir yer var. Geri kalan her şeyin boş olduğunu anlatmaya çalışarak, sürekli olarak sizi çağırıyor.

Tıpkı oynaması için eline oyuncak araba verilen bir çocuğun, zamanla olgunluğa erişip yetişkin bir insan olarak gerçek bir arabanın direksiyonuna oturması gibi, siz de hazır oluncaya kadar bu sesi duymayacaksınız.

Sizler yetişkin birer çocuksunuz. Yıllarca, hatta yüzyıllarca "oyuncak arabalarla" oynadınız ve birden içinizdeki şu sorunun farkına vardınız: "Gerçekten bunun için mi yaşıyorum?"

Hepsi bu kadar. Bu sorunun farkına vardığınız an, çocuk olmayı bıraktınız.

Ve şimdi hayatın anlamını kendine soranlar için bir yol haritası olan bu kitaba ihtiyacınız var. Bu kitap, içinizde var olan manevi dünyanın kapısını açan, haz ve huzur dolu ebedi dünyanın kullanım kılavuzu ve yaşam ışığının kaynağıdır.

Semion Vinokur

TORA NEDİR?

Daha önce söylediğimiz gibi, Eski Ahit'in ilk beş kitabına İbranice Tora ("Yönergeler" anlamındaki Horaa ya da "Işık" anlamındaki Ohr kelimesinden gelir) denir. Bizim dünyamızın karanlığına gönderilmiş olan ışığın izinde yukarı doğru ilerlemek söz konusu olduğunda, Işık sizin kılavuzunuz olacaktır. Sizin işiniz sadece "onu yakalamak ve sıkıca tutmaktır." Kılavuzdaki yönergeleri izlemeye başladıkça manevi dünya önünüzde açılmaya başlayarak, tüm sorularınızın cevabını verecektir. Yüzeysel olan her şeyi temizledikçe, etrafınızdaki realitenin aşamalı olarak değiştiğini açıkça görmeye başlayacaksınız. Uyanık olduğunuzu sandığınız tüm yaşamınız boyunca aslında uyuduğunuzu anlayacaksınız. Değerli olarak addettiğiniz her şeyin gerçekte önemsiz olduğunu kavrayacaksınız. Çünkü gerçek olduğunu düşündüğünüz şeyler yanlış ve tüm dünyasal hazlar sizi bekleyen şeyle kıyaslanmayacak kadar küçük.

Bu fikre henüz gelmediyseniz, şu düşünceye tutunun: "Bu kitap benimle ilgili", o zaman hissedeceksiniz. İçinizde olanı ararken durmayın ve atalarımızın hikâyeleri ardında kendi hikâyenizi keşfedin. Her harfin, her sembolün ve noktalama işaretinin ardında özel manevi güçler kendini ifşa ettikçe, kitabın satırları arasında yeni kelimeler keşfedeceksiniz. Ve Işığı hissedecek ve değeri olmayan fiziksel bedeninize değil, ebedi olan ruhunuza ulaşmak için yeni yollar arayacaksınız.

Işık girdiğinde ve sizi arındırdığında, fantastik ve gerçek dışı gibi görünen her şey önünüzde şeffaf, açık ve doğal hale gelecek.

Kitabı doğru olarak okuduktan bir ay sonra, geçirdiğiniz değişimleri hissedeceksiniz. Kendinizi ve içsel dünyanızı

Semion Vinokur

Bnei Baruch Eğitim ve Araştırma Enstitüsü

Ölümsüz Kitabın Sırları

zorlukla tanıyacaksınız. Dünyanız bütün olacak. Kitabın ruhunuzun bir seviyesini Nuh, bir diğerini İbrahim, bir diğerini Musa olarak adlandırmasını hissetmeye ve görmeye başlayacaksınız.

Ve şimdi, hazırsanız, hikâyemize başlıyoruz.

Semion Vinokur

GİRİŞ

5000 yıldan fazla bir zaman önce bugünün medeniyetlerine yol açmış Mezopotamya'da, İbrahim isminde bir adam yaşadı. Hemen hemen tüm dinler ve manevi doktrinler onu peygamber olarak tanıdı. İsmini kutsal metinlere dünyanın varoluşunun arkasındaki Yasayı ifşa eden, Maneviyatı edinen ilk insan olarak kaydettiler.

İbrahim, dünya uluslara ve dillere ayrılmadan çok önce var olan evrensel bilimin atasından başka bir şey değildi. Bu öyle bir bilimdi ki yüzyıllar içinde pek çok defa kayboldu, fakat her zamankinden daha fazla efsaneler ve mitlerle sarmalanmış olarak tekrar ortaya çıktı.

Bu bilinçli bir süreçti. Daha önce insanlar bunu kabul etmeye hazır olmadığından, özellikle bu zamanda "Kabala" olarak bilinen bu bilim ifşa olmuştur. Neden böyle oldu? Eski Ahit'te, egoizmin gelişiminin nihai bir aşamaya erişeceği, kontrol edilemeyecek kadar güçleneceği ve insanlığın ondan korunmak için bir çareye ihtiyaç duyacağı bir zamandan bahsedilmiştir. Bu noktada Kabala ilmi ortaya çıkar.

"Kabala" kelimesi "alma" olarak çevrilir. Diğer bir deyişle Kabala, doğru şekilde almayı ya da insanlığa sunulan tüm hazları almak için kişinin egoizmini nasıl doğru şekilde kullanması gerektiğini anlatan bir bilimdir.

Kabalanın inançla ilgisi yoktur. O sizi "Yaradan'ın iyi olduğunu görmeye ve deneyimlemeye" çağırır. Değerli okuyucu, dikkatinizi bir kez daha çekmek isterim: "Deneyimlemek ve görmek" demek, bir başkasının söylediğini kabul etmeniz demek değildir. Siz kendiniz Yaradan hissini edinmelisiniz, işte tam bu noktada Kabala size yardım etmek için bekler.

Dolayısıyla, kendinizi onurlandırın çünkü aşama aşama yükseldikçe, her türlü durumu deneyimleyeceksiniz. Her seviyede, O'ndan ne kadar uzak ya da yakın olmanıza bağlı olarak Yaradan'a farklı isimler vereceksiniz. Bir seviyede Acımasız; bir diğerinde Adil; bir başkasında Bağışlayan ya da Cömert diyeceksiniz ve tüm bunları O'nu böyle hissettiğiniz için söyleyeceksiniz. Her seviyede Yaradan yeni bir Ad alır.

Aslında aynı şey yaşamlarımız içinde geçerli. Örneğin, bir insanı ilk defa gördüğümüzde ona "mesafeli", tanımaya ve ısınmaya başladıkça "çok bilgili", daha da yakınlaştıkça onu akıllı, iyi, arkadaş canlısı olarak tanımlayabiliriz. Onun nitelikleri açığa çıktıkça düşüncelerimiz değişir. Aslında o insan her zaman böyleydi sadece bizim onu daha iyi tanımamız gerekiyordu. Gelişimimiz için şunu anlamak önemlidir, değişen o değildi, onu biz içselleştirdik.

Aynı şey Yaradan için de geçerlidir. O'nu daha iyi tanıdıkça, O'nun niteliklerini ve Adlarını daha fazla ediniriz. Bu, Musa'nın Beş Kitabının içimizde akmasına izin verip, içeriğini tam anlamıyla yaşadığımızda gerçekleşir. Bu şekilde Yaradan'ın adlarını, kitabı okudukça ediniriz. Her seviyede yeni bir Ad. Bu süreç, Yaradan'ın tüm adlarını keşfedene, mutlak Sevgi Yasasını edinene kadar sürer.

Semion Vinokur

DALLARIN DİLİ

Kabala kendi dilini yaratmıştır. Buna "dalların dili" denir.

Bu adı almasının sebebi dünyada hiçbir şeyin sebepsiz olmamasındandır. Yaratılmış olan her şey, bir amaç ve niyetle yönetilir.

Evren, kayalar, bitkiler, hayvanlar ve insanlar, olmuş ve olacak olan her şey, Yaradan'dan gelir ve tüm manevi dünyaları geçerek dünyamıza hükmeder.

İzin verin bir adım daha atıp Yaradan'ın dünyamız üzerinde bir yönetim sistemi kurduğundan bahsedelim. Buna "Atzilut dünyası" denir ve "O'nun Mekânı" olarak çevrilir.

Atzilut dünyası beyin işlevi görür, öyle ki onun emri olmadan dünyada hiçbir şey olmaz, hiçbir şey, ne bir düşünce, ne eylem, ne savaş, ne bilimsel keşif, kesinlikle hiçbir şey olmaz… Şöyle yazıldığı gibi, O'nun buyruğu olmadan "ne bir böcek yürür, ne de bir ot biter."

Devasa bir bilgisayar olan evrenimize Atzilut dünyası hükmeder.

Şöyle söylemek gerekirse, dünyamızda var olan her şey Üst Dünyalara aittir ve manevi derecelerden geçerek dünyamıza iner. Dünyamızdaki nesneler ve onların "manevi ikizi" olarak adlandırılan Üst Dünyadaki kökleri arasında değişmez bir bağ vardır. Dolayısıyla dünyamız, manevi dünyanın bir sonucudur.

Kabalistler bunu çok net hisseder çünkü onlar her iki dünyada varlıklarını sürdürür. Bu nedenle Üst Nesneleri -her şeyin doğduğu kökleri ve onların dünyamıza yansımasını, yani dalları- görürler.

Kökü, ona karşılık gelen dalın ismiyle adlandırdığımızdan, Kabala diline "köklerin dili" değil, "dalların dili" denir.

Kabalistler, dalların dili olan dünyamız dilini kullanarak, manevi dünyanın kusursuz bilgilerini aktarma yolunu bulmuşlardır.

Örneğin dünyamızdaki "ağaç" ismini, onun Üst Karşılığını, yani "ağaç" dediğimiz gücü tarif etmek için kullanmışlardır.

Peki ya Eski Ahit'in özel bir dille yazıldığını bilmeyen bir insan onun içinde ne görür?

Cennette büyüyen bir ağacın ya da Havva'nın kulağına onu baştan çıkaran sözler fısıldayan yılanın hikâyesini.

Oysa bu kesinlikle doğru değildir. Bu tip yorumlar dünyamızı manevi dünyayla birleştirme niyeti taşıyan bu kitabın seviyesini dünyasal meseleler seviyesine indirir.

(Büyükannemin canlı renkli kumaşları birbirine özenle birleştirip diktiğini hatırlıyorum. Bir çocuk olarak gözlerimi onlara dikip, şöyle düşünürdüm "Dünya da böyle işte", ta ki örtünün arkasını çevirip, arkasındaki iplikleri ve düğümleri görene kadar. İlk bakışta kaotik görünürdü. Ama sonra anlardım ki bu karmaşa güzelliğin kökü. Öyle ki arkasından bir düğüm kesecek olsak, tüm bu güzellik birbirinden ayrılacak...)

İşte bu nedenle kökün yolunu öğrenmeyi istiyoruz. Ön yüzdeki deseni görüyor, basit dünyasal kelimelerle ifade ediyor ve arkasındakileri öğrenmeyi diliyoruz.

Kutsal metinleri okudukça kelimelerin ardına bakmayı ve onların kökleri olan güçleri görmeyi öğreniriz. Dahası, Kitabı bu şekilde okuma niyeti bizi Üst Dünyaya bağlar. Bu sebeple her şey okuyucunun niyetine ve amacına bağlıdır.

İlk satırlardan itibaren Eski Ahit tek bir amaç taşır: İnsana

Ölümsüz Kitabın Sırları

Semion Vinokur

nasıl manevi dünya vatandaşı olacağını anlatmak. O bizi Yaradan'a, sonsuzluğa, mutluluğa yönlendirir. Ve kim okursa şu niyeti taşımalıdır: "Bunu Yaradan'ı ifşa etmek için yapıyorum."

Peki, tüm ulusların ve nesillerin en büyük Kitabının sırlarına doğru bir yolculuğuna çıkmaya hazır mısınız? Haydi başlayalım! Tekvin'in ilk bölümüne İbranice Bereşit denir ve "Başlangıçta" olarak çevrilir.

BAŞLANGIÇTA
(YARATILIŞ, BEREŞİT)

Ölümsüz Kitabın
Sırları

Semion Vinokur

"Başlangıçta Tanrı göğü ve yeryüzünü yarattı. Ve yeryüzü şekilsiz ve boştu, karanlık derinlikleri kaplamıştı ve Tanrı'nın ruhu suların yüzeyinde dolaştı."

Kelimesi kelimesine bu sözleri çevirmek zihnimizin, Yaradan'ın neye benzediğini, nasıl "hareket ettiğini", "konuştuğunu" ve "gördüğünü" imgelemesine neden olur. Sınırsız boyutta hayal kurabilirsiniz: sular, karanlık, derinliğin yüzü...

Hayallere kimin ihtiyacı var? Fiziksel dünyanın arzularıyla kapana sıkışmış olanların, edinimi değil öğrenmeyi isteyenlerin, düşünmeyi ve özelikle etraflarında dinleyen biri varsa tartışmayı isteyenlerin.

Eğer bu dünyanın hazlarıyla yetiniyorsanız öyleyse durmayın müziğin, sanatın veya dünyanın sunduğu herhangi bir şeyin hazzını yaşayın. Fakat manevi dünyayı edinmeyi arzularsanız, tamamen farklı bir şeyle ilgilenmeniz gerekecek -bu noktada Yaradan'a ihtiyacınız var.

Eğer sizi bırakmayan sorulara cevap arıyor, neden dünyaya geldiğinizi ve yaşadığımız bu sonsuz evrenin amacını bilmek istiyorsanız, bu şu anlama gelir: Ruhunuzun gizemli derinliklerine ulaşana kadar rahat edemeyeceksiniz.

Durum böyle olduğunda demektir ki manevi merdiveni çıkmaya başladınız bile.

İnsanın edinebileceği en yüksek derece önünüzde sizi bekliyor. Bu Bereşit'tir -Yaratılış Kitabının açılış bölümü. Tarif edilen bu yüksek aşamaya sadece ıslahın sonunda erişebilirsiniz.

"Başlangıçta Tanrı göğü ve yeryüzünü yarattı." Bu pasaj Üst Dünyanın yaratılışından bahseder -ruhunuzun var olduğu boşluk. Sizin "ben-iniz" henüz uyanmadı; kendi varlığınızı henüz algılamadınız. Sadece yaşam alanı yaratıldı- rahminde tasarlandığınız Tanrısal Anamız.

Yaşam alanı nedir? Biraz daha ileri gidip şunu söyleyebilirim: "Yaratıldı" ve "başlangıçta" kelimeleri, egoist ve özgecil nitelikleri ima eder ki ruhumuz onların arasından yükselir. "...yeryüzü şekilsiz ve boştu." Burada ilk kez manevi terimler sahneye çıkar. "Yeryüzü" kelimesi İbranicede Ratzon (arzu) kelimesinden gelen Eretz'dir. Dolayısıyla yeryüzü arzuyu temsil eder. Bu noktadan sonra sadece arzuyla ilgileneceğiz çünkü arzu her şeyin belirleyicisidir.

"...yeryüzü (arzu) şekilsiz ve boştu." Bu, şu demektir: Arzu henüz form almamıştı yani manevi dünyayı ifşa etme arzumuz yoktu.

Öyleyse orda ne vardı? Sadece insanlığın, tek ruhun tarihini kaydetmeye hazır temiz bir sayfa. Yukarıdaki cümle manevi dünyanın en başında içinizde tasarlandığını ima eder. Bu bölümde, ortaya çıkan ilk güçlerin bizimle olan bağlantısını inceleyeceğiz. Bu güçler dünyayı, daha sonra ortaya çıkacak olan insanın (Âdem, manevi "Ben-iniz") içinde oluşturdu. İnsanın içinde yaşayacağı alanı yarattı. "İnsan" onun içinden türeyen manevi arzudur.

Şunu sorabilirsiniz: "Eğer bu güçler içimdeyse, neden onları hissedemiyorum?"

Peki, organlarınızın nasıl çalıştığını, örneğin midenizin nasıl sindirim yaptığını, ciğerlerinizin nasıl nefes aldığını biliyor musunuz? Hayır, onları hissedemiyorsunuz.

Bu süreçler fiziksel varlığınızı belirler ama onları hissedemezsiniz.

Burada da aynı prensipler geçerlidir. Manevi yaşamınız hissedemediğiniz çalkantılı süreçlerden oluşur ta ki onun

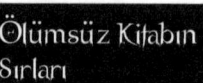

Semion Vinokur

içinde yer almak için büyük bir arzu hissetmeye başlayana ya da daha iyisi bu harika oyunda başoyuncu olmak isteyene kadar.

Ruhunuzun şekillenmesi bu şekilde gerçekleşir. Şimdi üzerinizde çalışan güçler sizin Büyük Büyükbabalarınızdır -Atzilut dünyasının güçleri. Zaman geldi -doğma zamanınız. Er ya da geç, ıslahın bütün derecelerini kat ettiğinizde, "akrabalarınızla" tanışacaksınız. Fakat bunun için sabırlı olmalısınız.

Siyah, geçilmez bir perde, arkada olan her şeyden sizi ayırır; göremez ve hiçbir şey hissedemezsiniz. Çok uzun bir süredir sizi içsel olandan ziyade dışsal olana çeken, egoist arzular nedeniyle bu perde gittikçe kalınlaştı. Giderek ruhunuzdan daha fazla bedeninizle ilgilenmektesiniz. Yaşamınız boyunca içinizden yayılan arzuları ve onların maneviyattan ne kadar uzak olduğunu bir düşünün.

Perde, içinizdeki manevi arzuları baskılayarak, kat üstüne kat ilave edip gittikçe kalınlaşıyor. "Etrafımda ne var? Beden üstüne beden. Yiyor, para kazanıyor, ürüyor... Peki, önümde ne var? Eğer durum buysa, o zaman varlığımın amacı ne?"

Tüm bu sorular, Bereşit'e, "başlangıca", "kaynağa" geri dönmenin yolunu açan sorular. Realitede bu yol Işığa gider. Dünyaya hükmeden güçlere doğru yükseliyorsunuz. Manevi yoldaki her derece bir gizemdir: "Yaradan'ın benim üzerimde başka ne sürprizleri var?"

Bu şekilde "Egoizm" denilen bu karanlık giysiden kendimizi arındırmaya başlarız çünkü o bizi yaşamaktan, nefes almaktan ve görmekten alıkoyar. Her gün biraz daha fazla ruhumuzu açığa çıkarırız -manevi dünyayı edinmek için karmaşık bir mekanizma.

Deneyimleyeceğimiz haz mutlaktır. Özellikle Yaradan'ın bizim için hazırladığı şey budur. Burada yaratılış amacı yatar bizi, Yarattıklarını sonsuzluk ve mükemmellik hisleriyle doldurmak. Çünkü Yaratan'ın Kendisi ebedi ve mükemmeldir. O Kendi mevkiini Yarattıklarına bildirmek ister.

Öyleyse O'nu bekletmeyelim.

"Ve Tanrı buyurdu, 'Işık olsun.' Ve ışık oldu." Manevi dünyanın yaratımı bu şekildedir. Daha önce bahsettiğimiz güçlerin bir araya gelmesi ve gelecekteki ruhun varlığının belirlenmesi bu şekilde olur. Ruh Işığın içindedir ve onunla doludur.

Işık nedir? Ne yapıp yapın ama onu tasavvur etmeyin. Bu faydasızdır çünkü dünyasal kavramlarımız onu doğru şekilde tanımlamaya yeterli değildir, ancak Işığı güneşin ışığıyla ya da içsel huzurun hissiyle kıyaslayabiliriz.

Işık yaratımdaki tek şeydir. Bizi sarar -ruhumuzu, bütün dünyayı ve evreni. O Yaradan'ın, tam ve mutlak ihsan etme niteliğidir. Sevginin ve Tanrısallığın yasasıdır. Tüm bunların hepsi Işıktır.

Ne kadar erken bunu anlarsak, o kadar tek bir nedenle -Sevginin Işığına "dönmek" zorunda olduğumuzu anlamamıza yardım etme- bize verilen bu dünyanın tüm acılarının üstesinden gelebiliriz.

"Ve Tanrı ışığın iyi olduğunu gördü; Tanrı ışığı karanlıktan ayırdı." Eğer Işık -mutlak ihsan etme, Yaradan'ın özgecil yasası- vücut bulursa, bunun sebebi şudur, ihsan etme arzusuna sahip Yaradan'ın, sahip olduğu her şeyi vermek istediği birisi vardır.

Bu "birisinin" rolü Yaratılış tarafından belirlenmiştir.

Ölümsüz Kitabın Sırları

Semion Vinokur

Âlem biziz. Ben oyum, tüm dünya benim içimde. Bizler alıcılarız.

Ve bu şekilde önceden var olmayan iki aşama biçimlenir: İhsan etme -Yaradan'ın niteliği (ya da Işık) ve alma- Yaratılışın niteliği.

"Ve Tanrı ışığı karanlıktan ayırdı" cümlesi bu süreci betimler -iki aşamanın biçimlenmesi: Işık ve karanlık, Yaradan'ın niteliği ve Yaratılışın niteliği, ihsan etme ve alma.

Bu süreç, Yaratılış kitabının ilk kelimesi Yaradan'ın "kucağından" ayrılık demek olan Bar kelimesinden gelen Bereşit'e dahildir.

Bereşit kelimesi insanoğlunun tüm yolunu ve Kutsal Kitabın manasını açığa çıkarır. Dahil olmak, Yaradan'ın kucağından ayrılığın ve tüm insanlığın geçmesi gereken büyüyen egoizm yolunun sonunda, O'na dönmemiz gerektiğinin anlayışıdır. Bunun olması için şunu anlamalısınız: Yaradan'dan gerçekten uzaklaştınız ve kendinizi egoizme batırdınız ki bu nedenle iyi değilsiniz ve acı çekiyorsunuz.

Dahası egoizm hastalığı tüm dünyayı etkiliyor. Bunu anladığınızda o sizi Yaradan'a giden yola getirecek. Egoizminizi ıslah ederek bu yolda ilerledikçe, hayal edebileceğiniz her şeyden daha büyük bir ödül olan Ebediyeti kazanacaksınız. Sonsuz, sınırsız mutluluk elde edeceksiniz. Yaradan'la yüksek bir seviyede birleşeceksiniz çünkü bu birleşme bilinçtir.

"Ve Yaradan ışığa Gün, karanlığa Gece dedi. Akşam ve sabah, birinci gün oldu." İçinizde iki aşama biçimlenir: Işık (yükseliş, ihsan etme, özgecil nitelik) ve karanlık (düşüş, alma, egoist nitelik.) Islaha doğru ilk adımınız onları ayırmak, farklılaştırmaktır. Bu aşamaya "Yaratılışın İlk Günü" denir.

BİRİNCİ GÜN

Her birimiz iki zıt niteliğe sahibiz: Karanlık ve ışık, akşam ve sabah. Bu aşamalar manevi yükselişlerimizi ve inişlerimizi temsil eder. Yükselişler ve inişler, ne kadar para kazandığınız ya da kaybettiğinizle ilgili değil, Yaradan'dan ne kadar uzak ya da O'nun ihsan etme niteliğine ne kadar yakın olduğunuzla ilgilidir.

Dolayısıyla, "gündüz-gece" ve "sabah-akşam" kavramları ile Yaratılış Kitabı'nda kastedilen şey, sizin değişen aşamalarınızdır. Manevi sürecin amacı düşüşleri kısa ömürlü kılacak ve bir sonraki aşamaya, yükselişe geçmeyi sağlayacak yollar bulmaktır.

İyi ve Kötü aşamaların sırrı Yaradan'la yakınlık derecesiyle tanımlanır: O'nun Sevgi niteliğine yakın olduğumda, yükseliş aşamasının hazzını yaşar, kendimi iyi hissederim. Bu Yasadan ne kadar uzaklaşırsam düşüşler sebebiyle o kadar acı çeker ve kötü hissederim. Çaresizliğimi daima hastalık, para kaybı, yorucu bir iş günü ya da eşimle kavga etmek gibi dünyasal unsurlara bağlasam da bu gerekçelendirmeler doğru değildir. Söz konusu durumlar benim ıslah olmamış aşamamdan, kökün -ipleri elinde tutan güç- benden saklı olması sebebiyle başıma gelir. Bütün çabamla ondan kurtulmaya çalışmak yerine, kendimi "ben-in" egoizmime batmış bulurum.

Gerçek şudur ki ne kadar çabalarsam çabalayayım, bunu yapma gücüne sahip değilim. Ancak, bu istekli yakarışım beni akıldan değil kalpten gelen gerçek duaya getirir. Bu, Yaradan'ın benden istediği duadır ve ona hemen cevap verir.

"Dua" bir taleptir, kalbimden gelen bir dilek. O, bir dua kitabından okumaktan çok daha fazla kalbe

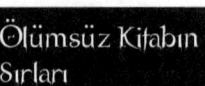

Semion Vinokur

"kaydedilmiştir." Dua, yardım, kurtuluş talebi ve egoizm sınırlarından kurtarması için Yaradan'a yakarıştır.

Böyle bir duaya ne zaman gelirim? Sadece egonun ölümcül etkilerinden kendi başıma kurtulamayacağımı anladığımda. Ancak ondan sonra yardım için Yaradan'a döner, bana gereken gücü vermesi için yalvarırım.

Bu Kitabın bana öğrettiği gerçek dua budur. Bana ruhumun gelişimi için tüm aşamaların gerekli olduğunu söyler. Akşam olmadan sabah olmaz; eğer düşüşü deneyimlemezsem yükselişi de hissedemem. Dolayısıyla onların ikisi beraber tüm manevi arzuyu oluşturur; onlar "akşam ve sabah", yükseliş ve düşüş, birleşerek "bir gün" olur.

"Akşam ve sabah, bir gün oldu." Bu Işığı alma becerisine sahip, tek manevi kaptır.

Dilerseniz Yaratılışın en başında ima edilen "Yaratılış günlerini" kısaca özetleyelim. Bu cümleler açık olarak her bir "günde" ruhunuzla ilgili olarak ne yapmanız gerektiğini anlatır. Örneğin, "birinci gün" var olan Işığı (ihsan etme niteliği) hissedersiniz ve bu sizin içsel "gün ve gece", "sabah ve akşam" kavramlarını netleştirmenizi sağlar. Bu ilk hisler içinizdeki uyanışın başlangıcıdır. Artık ruhunuzun açığa çıkması için bir ortam yaratılmıştır.

Semion Vinokur

İKİNCİ GÜN

"Ve Tanrı buyurdu, 'Suların ortasında bir kubbe olsun ve suları birbirinden ayrılsın.' Ve Tanrı kubbeyi yarattı ve kubbenin altındaki suları, kubbenin üstündeki sulardan ayırdı ve öyle oldu. Ve Tanrı kubbeye 'Gök' adını verdi. Ve akşam ve sabah, ikinci gün oldu."

Her şeyin sularla dolduğu fikrine kapılmayın çünkü paragraf çok farklı bir şeyden bahsediyor.

Yaratılıştaki "su" kelimesinin anlamı Rahmet Işığıdır. Ve yaratılan enginliğin adı olan "gök", içimdeki düşünce ve arzuların hangisinin Işık (yani "gök") hangisinin karanlık olduğunu ayırt etme gerekliliğini ima eder. Karanlık arzulara "yeryüzü" denir, fakat bundan daha sonra detaylı olarak bahsedeceğiz.

Yerine getirmeniz gereken ilk emir budur. Ancak bundan sonra ruh tasarlanır. (Şunu da unutmayın ki, Yeryüzü de sulardan doğar yani Yaradan'ın rahmet niteliğinden.)

"Ve Tanrı buyurdu, 'Gök kubbenin altındaki sular bir araya toplansın ve kuru topraklar belirsin.' Ve öyle oldu. Ve Tanrı kuru topraklara Yeryüzü dedi."

"Gök" ve "Yeryüzünü" ayırımına (iyi düşüncelerin, kötü olanlardan ayrılması), "kötülüğün ifşası" denir. Bu, içinizdeki kötülüğün ıslah edilmesi gerektiğini, aksi halde asla manevi dünyaya erişemeyeceğinizi net olarak anladığınız bir aşamadır. Eğer kalbinizdeki manevi dünyaya ulaşma arzusu sizi sıkıştırıyorsa, kötü olandan arınmak için yapılması gerekeni yapmalısınız. Ancak, ilk adımınız içinizdeki kötülüğün farkındalığıdır.

Semion Vinokur

KÖTÜLÜĞÜN FARKINDALIĞI

Kötülüğün ifşası, yüksek manevi derecelerdeki Kabalistler tarafından yazılmış Kabala kitaplarını çalışarak gerçekleşir. Bu kitaplar, metnin anlamını anlamaya çalışırken sizi sürekli kendine çeken özel bir ışık yayar. Kısa bir süre sonra koşulsuz sevgiyi ve ihsanı temsil eden bu ışığa ne kadar zıt olduğunuzu hissetmeye ve bir egoist olduğunuzu, daima etrafınızdakileri kendi faydanız için kullandığınızı anlamaya başlarsınız.

Siz korku ve endişeyle tükenirken, ışık huzur ve güvendir. Siz sonunda ölüm olan acı dolu bezgin bir yaşamda sürüklenirken, ışık sonsuzluk ve mutlu bir yaşamdır.

Işıkla kaynaşmak ister, bunu amaç edinirsiniz çünkü bunun mümkün olduğunu bilirsiniz, fakat kendinizi arındırıp, Işıkla benzer hale gelebilir misiniz?

Bahsettiğimiz tüm bu kitapları çalışmaya devam edip, onların sizin için ve sizinle ilgili yazıldığını anlarsanız, çok geçmeden etrafınızdaki dünyanın değişmeye başladığını hissedersiniz. Bu kötülükten arınma sürecinizin başlangıcı, Işığa doğru giden ilk adımlarınızdır.

Yine de bu yol kaçınılmaz düşüş aşamalarıyla doludur. Bu zamanlar olduğunda kendinizi "amaç imkânsız; çok zayıfım ve dünya meseleleriyle ilgilenmek zorundayım; sonsuz mutluluğu hayal etmenin faydası yok; yorgunum, bitkinim" demekten nasıl alıkoyacak ve buna dayanacaksınız?

Bu yıkıcı aşamalara nasıl tahammül edeceksiniz? Doğrusunu isterseniz bir çare var fakat şimdilik kendinizi dinleyin çünkü tüm manevi yaşamınız buna bağlıdır. Aşama aşama hangi niteliklerinizin maneviyata, hangilerinin dünyaya ait olduğunu analiz etmeyi, hangisinin size yaşam, hangisinin ölüm hissini verdiğini öğreneceksiniz. Kötülüğün farkındalığı gittikçe büyüyecek ve bu sizin manevi boyuta geçişinizin ve çözümün kanıtı olacaktır.

"GÖK VE YERYÜZÜNÜ"

Bahsettiğimiz Kabala kavramlarını bir kez daha hatırlayalım çünkü onlara ihtiyacımız var: "Gök" ihsan etme niteliğidir. Bu elde edildiğinde, yaratılan, Rahmet Işığıyla -Yaradan'a benzer olma hazzı- dolar.

"Gök", içinizdeki Yaradan ışığının, koşulsuz ihsan ve sevginin küçük bir parçasıdır. "Gök" niteliği huzursuzluk hissini tetikler ve sizi ısrarla bu dünyada olmayan bir şeyi aramaya teşvik eder.

"Yeryüzü" ise bizim tüm egoist arzularımızdır. Bütün dünya onun üzerinde kuruludur.

Ve bu iki zıt kutbun arası -"gökyüzü" ve "yeryüzü"- ruhunuzdur. Onun aşamaları bir ipliğe asılıymış gibi değişkendir.

Yükseliş zamanlarında ruh göğe, ihsana, Yaradan'a yaklaşır ve coşku sizi sarmaladığında yükseldiğinizi hissedersiniz. Düşüş zamanlarında ise, ruh bedenin arzularına, egoizme düşer ve dünyasal meseleler, hesaplar, gelecek korkusu ve inanç yoksunluğuyla boğuşursunuz.

Bu, yürürken dengemizi korumamıza benzer, ayaklarımız sırayla hareket eder: Önce sağ, sonra sol.

Islah süreci de aynıdır. "Altın oranınızı" buldunuz, yani O'nun ihsan etme niteliğini talep ederek Yaradan'a giden manevi merdiveni tırmanabilmek için doğuştan gelen egoist arzularınızı özgecil arzuya dönüştürdünüz.

Şunu da söyleyebiliriz ki, ıslah, ihsan etme niteliğinin var olduğunun, talep edilmesi ve bu amacı gerçekleştirmek için egoizmimizle çalışmamız gerektiğinin anlayışını sağlar. Daha önce bu anlayışa sahip olmadığınız için, ancak şimdi yaşamaya başladınız ve Sonsuzluğa yaklaştınız.

Ölümsüz Kitabın Sırları

Semion Vinokur

Tüm işiniz düşüş süreçlerini kısaltmaktır, bunun aylarca, haftalarca, hatta saatlerce sürmesine izin vermeden çok kısa sürelerde kalmasını sağlamaktır.

Sürekli olarak içinizdeki "göğü" büyütmelisiniz. Pek çok "yeryüzümüz" var. Egoist olarak tüm yaşamlarımız "yeryüzüyle" doludur. Ancak, küçük bir kıvılcım "göğe" sahibiz ve bu kıvılcım uyandırılmalıdır.

Etrafınızdaki dünyaya "sağlıklı" egoizminizin prizmasından baktığınız, "geçmiş" yaşamlarınızı tekrar hatırlayın! O zamanlar manevi dünyanın herhangi bir bahsi, sizi yaşamdan koparıyormuş gibi görünürdü.

"Çalışıyorum, kariyer yapıyorum, iş ve aile kuruyorum ve bu insanlar beni 'cennet' hikâyeleriyle rahatsız ediyor!" dediniz. O zamanki algınıza göre manevi dünya dikkate değer değildi.

Oysa bugün kelime dağarcığınız yeni terminolojiyle zenginleşti, örneğin "yeryüzü", "gök", "egoizm", "ihsan etme", "yaşam", "ölüm" ve "Yaratılışın sırrını" öğrendiniz. Manevi dünya resmiyet kazandı ve arzu edilen bir hedef haline geldi. Bugün küçük bir nokta olmaktan çıkıp gerçek bir dünya haline geldi. Kariyer yapmaya, evinizi kurmaya devam edin, tüm bunlar sizi manevi yolda ilerlemekten alıkoymaz. Her iki dünyada da yaşamak istiyorsunuz ve artık bunun mümkün olduğunu anladınız.

Kabalistler diğer insanlardan, özellikle "yeryüzü" niteliklerinin -egoist- ıslahı için, "göğün" özgecil niteliklerini kullanma becerileri nedeniyle ayrılır. Hiçbir şekilde egoizmi silmeye ve baskılamaya kalkışmazlar.

Islah, "yedi gün" dediğimiz yedi aşamadan oluşur. Doğal olarak, buradaki günler bizim dünyasal takvimimizle ilgili değildir. Islah birkaç saniye içinde gerçekleşebilir ya da bir yıl, birkaç yıl, bir yaşam ve hatta birçok yaşam boyu sürebilir. Bu sadece size bağlıdır.

Yaratılış Kitabı'nda şöyle yazar: "Ve Tanrı buyurdu, 'Göğün altındaki sular bir araya toplansın ve kuru topraklar belirsin.'"

Bilinciniz Işıkla, Yaradan'ın ve Üst Dünyanın düşünceleriyle dolduğu an, Işığa tamamen zıt olan niteliklerinizi hissetmeye başlayacaksınız. Nitelikleriniz egoist ve "dünyasal", bu nedenle "Kuru topraklar belirsin" ifadesi kullanılmıştır. İhsan etmenin ilk filizleri ve yaşamın başlaması için ne yapılması gerektiğini düşünmeye başlarsınız. (Yaratılış Kitabı'nda bu canlı ve cansız organizmaların ortaya çıkması olarak tanımlanır.) Artık eskisi gibi var olmak istemez ve buna izin vermezsiniz. Kalbinizde bir nokta canlanır, Yaradan'la direkt teması olan bir nokta ve o sizi rahat bırakmaz.

"Kalpteki nokta", Yaradan'ın parçasına sahip olmayı ve bu dünyanın tüm egoist arzularını temsil eder. Bu nokta aynı zamanda Yaradan'ın bizim dünyamıza indiği noktadır ve onu yakalayıp, O'na doğru yükselebilirsiniz.

Öyleyse manevi yaşam yeryüzünde nasıl başladı? Ya da Kabala dilini kullanırsak, egoist arzularımı (yeryüzü), ihsan etmenin kıvılcımlarının içimde büyümesi için nasıl kullanabilirim? Egoizmimi nasıl kırar, Yaradan'a nasıl daha çok yaklaşırım?

Bu, O'nun bize gönderdiği özel bir Işık yardımıyla yapılabilir. Yaradan'dan iki tür Işık yayılır: "Yaşam Işığı" ve "Rahmet Işığı." Yaratılanlar onları böyle algılar.

"Su" dediğimiz Rahmet Işığı niteliğini kullanarak, ihsan etme niteliğini edinebilirsiniz. Maddesel yaşam anlamında bu ne demektir ve bunu nasıl edinirsiniz? Hâlihazırda manevi

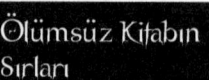

Semion Vinokur

dünyaları edinmiş olanların derlediği kitapları okuyarak kendinizi "arındırabilirsiniz." Böylece bu kitapların içerdiği Üst Işığı çekebilirsiniz.

Bu noktada manevi çalışmanız başlar. Okuma süreci oldukça yardımcıdır ve eğer okuduklarınıza değişme arzusu, Işığa benzer olma, kendinizi egodan arındırma arzusuyla yaklaşırsanız, Işık sizi yüksek bir dereceden etkiler. Özellikle Işığın bu etkisi, Kabalistlerin çalışmalarını dünyadaki diğer metinlerinden ayırır.

Bu, "Yeryüzünde yaşam belirdi" ifadesinin anlamını hissetmeye başladığınız ve manevi arzuların ortaya çıktığı andır. Henüz manevi arzu sizi tamamen sarmalamadı. Daha ziyade henüz yürümeyi öğrenmemiş bir bebeğin aşamasındasınız ama yine de tekmelemek için ayağınızı kullanabilirsiniz. Daha doğrusu hareket edemeyen ama güneşe doğru açan ilk tomurcuklar gibisiniz.

Gece olduğunda solarsınız, çünkü gece kaçınılmaz düşüş aşamasını temsil eder ki bunun anlamı şudur; ilerliyorsunuz. (Aslında engeller sadece ilerleyenlere gönderilir. Engeller, kişinin "içsel savaşını" sürdürebilmesini güçlendirmek ve gerçek duaya gelebilmek için gereklidir: "Biliyorum sabah gelecek ve tüm bu acılara tahammül etme ve tüm düşüşlerin üstesinden gelme gücü için yalvarıyorum. Biliyorum ki şu anda zorlu, inatçı arzularımdan arınma sürecinden geçiyor ve aklım ve mantığımla tüm bunların bitmesini diliyorum. Onları duymak istemiyorum. Sadece Sana, bunun üstesinden gelebilme gücü için yakarıyorum..." Ve sonra sabah sürekli olarak gelir -yükseliş aşaması, manevi yolu seçerek doğru hareket ettiğini bilmenin güveni- ve bir çiçek gibi Işığa açılırsınız.

Tekrar edelim, "yeryüzü"-egoist nitelik- bizim doğamızdır. Bu sürecin özen gerektirdiğini biliyoruz. "Su"(rahmet Işığı) bizim gerçek yardımcımız. Işık, egoyu ıslah ediyor, yeryüzünü dolduruyor ve yaşamın devamı koşullarını kolaylaştırıyor. "Yaşam" ihsan etme niteliğiyle ilgilidir; bu egoizmin doğru şekilde kullanımıdır -hem kendimiz hem de başkalarının yararına kullanım.

Şunu sorabilirsiniz, "'Islah olmuş egoizm' nedir?" Bu etrafınızdaki insanları kendi hazzınız için kullanmadan, onlara haz verme mutluluğunu hissettiğiniz aşamadır. Bu mutluluk ancak manevi dünyanın niteliği olan bu aşamada hissedilebilir.

Dünyada ne görüyorsunuz? Gözleriniz her türlü nesneyi, bitkiyi ve bedeni görüyor. Onlarla nasıl ilişki kuruyorsunuz? Eğer size hoş hisler veriyorlarsa onları seviyor, vermiyorlarsa nefret ediyorsunuz. Diğer bir deyişle onlara karşı tavrınız tamamen egoist.

Egoizminizi ıslah ettiğinizde ya da adım adım ıslah sürecine başladığınızda ne olur? Birden daha önce fark etmediğiniz şeylere dikkat etmeye başlarsınız. Bu düşsel dünya vasıtasıyla etrafınızda her zaman var olan, Işıkla, Sevgiyle ve karşılıklı ihsanla dolu, Yaradan'ın dünyasını yani "gelecek dünya" dediğimiz, gerçek dünyayı görmeye başlarsınız.

Onu hiç görmediniz çünkü karanlık ve nefretle dolusunuz. Egonuz sebebiyle o sizden gizli.

Sizin dünyanız ve "gelecek dünyanın" ortak noktası yoktur çünkü farklı yasalar söz konusudur. Birçok insan "gelecek dünyanın" öldükten sonra gidecekleri yer olduğu yanlışına tutunur.

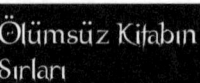

Semion Vinokur

Oysa öyle değildir. "Gelecek" demek, sizin bir sonraki, öldükten sonra değil de şimdi, bu yaşamda edinmeniz gereken aşamanızdır. "Gelecek dünyayla" benzer hale geldiğiniz an, onu görme becerisini edinebilirsiniz.

Bu kendinizden, egoist bedeninizden çıkmak ve kendinizi tek bir yasanın -İhsan Etme Yasası-işlediği yeni bir dünyaya açmak gibidir. Bu dünyaya özlem duyarsınız çünkü orada bulunanların yaşamları karşılıklı sevgidedir. Bu şekilde sadece bu dünyanın bedenlerini ve nesnelerini algılamak yerine, ona hükmeden güce benzer hale gelene kadar büyüdüğünüz ölçüde dünyayı algılamaya başlarsınız. İhsan etmeyi arzuladığınızda, bu gücün mutlak iyilik olduğunu idrak edersiniz. Bu güç Yaradan'dır.

Bu şekilde Yaradan'dan yayıldığı haliyle saf, gerçek Işığı algılamaya başlarsınız. Bu tıpkı sizi doldurmadan önce Işıkla karşılaşmanız gibidir. Yaradan'ın Işığı henüz egoist filtrelerle zayıflamamıştır. Halen daha saftır ve onu hissetme fırsatı size verilmiştir. Bunu hissedebilmek mutluluktur. Buna "Yaradan'ın çağrısını duymak" denir.

Sonrasında Işık sizin filtre sisteminizden geçer ve geriye küçük zayıf bir pırıltı kalır.

Bu sizin kalpteki noktanızda hissettiğiniz Işıktır. Bu Kabalistlerin "küçük mum" dedikleri şeydir.

Işık, onu perdeleyen kalın egoizm duvarından dünyamıza yayılır. Dünya yaşamını sürdürmek amacıyla gelir. Bu Işık dünyanın bütün nesnelerinin içinde farklı giysilere bürünmüş olarak "saklanır." Tüm bu zamanlarda kendinizi iyi bir yemekten, yeni şeylerden ve paradan haz alır bulursunuz, sizi onlara çeken şey, işte bu Işıktır! Gerçek hazzın kaynağı odur.

Şunu sorabilirsiniz: realitede Işığın var olmadığı bir şey var mı? Hayır, aksi halde dünyamız olmazdı. Hiçbir arzu olmayacağından dünyada yaşama arzusu olan kimse olmazdı.

Ancak, size neler olduğunu anlama arzunuzun olması sadece tek bir şeyi ifade eder: siz herkesten daha fazla egoistsiniz. Diğerleri bu dünyayla yetinirken siz manevi olanı talep ediyorsunuz! Onu ifşa edene kadar rahat etmeyeceksiniz ve bu iyi bir şeydir çünkü bu özellikle Yaradan'ın sizden istediği şeydir.

Bu sizi Üçüncü Güne getirir -yeni arzularınızın tanımı.

Bnei Baruch Eğitim ve Araştırma Enstitüsü

Ölümsüz Kitabın
Sırları

Semion Vinokur

ÜÇÜNCÜ GÜN

"Ve Tanrı buyurdu: 'Yeryüzü bitkiler, tohum veren otlar ve türüne göre tohumu meyvesinde olan meyve ağaçlarıyla dolsun.' Ve öyle oldu. Yeryüzü bitkiler, tohum veren otlar ve türüne göre tohumu meyvesinde olan meyve ağaçlarıyla doldu. Tanrı bunun iyi olduğunu gördü. Akşam oldu, sabah oldu ve üçüncü gün oldu."

Daha önce söylediğimiz gibi, "suyun" (Rahmet Işığı) ıslahından sonra, suyun ve yeryüzünün nitelikleri birleşerek meyve vermeye hazır hale gelir.

Kendi içinde verimli sular tıpkı kuru topraklarda olduğu gibi yaşam için yıkıcı olabilir. Bu noktada Nuh ve tufan ortaya çıkar.

İnsanın ıslahı, eksiksiz olarak özgecil ve egoist niteliklerin, "göğün" ve "yeryüzünün", Yaradan ve yaratılanın, ruhun içinde ideal birleşimiyle gerçekleşir.

Bu ıslaha "orta çizgide" yol almak denir. Bu tanımı unutmayın!

Doğuştan gelen egoist doğaya "yeryüzü" ya da sol çizgi denir.

Yaradan'ın niteliği olan "su" mutlak ihsan, sağ çizgidir.

Orta çizgi, sol ve sağ çizginin birleşimi, sizin yaratmanız gereken şeydir.

Bu iki niteliğin "meyve vermesine" izin vermek için "su" ve "yeryüzünü" birbirini tamamlayacak şekilde birleştirmelisiniz.

Yaradan gibi ihsan etme becerisine sahip olmadığımızdan, fırtına yerine yağmur için dua edebilirsiniz. Ancak, küçük egoist arzulardan başlayarak aşamalı olarak ilerlemeye hazırsınız "Ve yeryüzü bitkiler, tohum veren otlarla kaplandı." Akabinde sert arzular açığa çıkar "Ve türüne göre tohumu meyvesinde olan meyve ağaçlarıyla doldu." Bunu daha zorlu arzular izler... ta ki gözleriniz Yaradan'ın size hazırladığı muhteşem dünyayı görene kadar.

"Yağmur için dua" etmelisiniz, böylece bu iki niteliği ("su" ve "yeryüzü"), "Yaşam Ağacını" (tüm evreni algılayan, tüm dünyalarda mutlulukla ve sonsuzlukta var olan manevi insan) büyütmek için birleştirebilirsiniz.

Sonsuzlukta var olan diyoruz çünkü kendinizi geçici bir bedenle tanımlamak yerine, bedeninizi -ruha eşlik eden fani kabuk- gerçek rolüne döndürüp varlığınızı ruhunuzla eşitleyerek, sonsuz bir ruhla tanımlayabilirsiniz. Kendinizi ruhla tanımlama değişimi kesinlikle içseldir ve bu Kabala kitaplarını doğru şekilde çalışarak ihsan etme niteliğini aşamalı olarak elde ettikçe gerçekleşir.

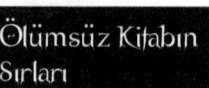

Semion Vinokur

DÖRDÜNCÜ GÜN

"Ve Tanrı buyurdu: 'Gök kubbede gündüzü geceden ayıracak ve yeryüzünü aydınlatacak ışıklar olsun ve mevsimleri, günleri ve yılları göstersin.' Ve öyle oldu. Tanrı iki büyük ışık yarattı: Gündüze hükmeden büyük ışık ve geceye hükmeden küçük ışık; ve yıldızları yarattı. Tanrı yeryüzünü aydınlatmak, gündüz ve geceye hükmetmek ve ışığı karanlıktan ayırmak için onları göğe yerleştirdi; Tanrı bunun iyi olduğunu gördü. Akşam oldu, sabah oldu, dördüncü gün oldu."

Hatırlatma: İnsanoğlu (Âdem) henüz içinizde doğmadı. Bu pasaj sadece onun doğumu ve yaşaması için uygun ortamın yaratılmasından bahseder. "Ortam" nedir? Yaradan'ın insanı etkileyecek güçleri. Onlar sadece insanı Yaratılış amacına -Yaradan'la bütünleşme ve sonsuz mutluluk- getirmek için vardır.

Öyleyse, Dördüncü Günde hangi güçler açığa çıkar? "Ve Tanrı buyurdu, 'Gök kubbede gündüzü geceden ayıran ışıklar olsun.'"

Işık, "gece" ve "güne" (Yaradan'ın yolunda ilerleyen kişinin aşamaları) hükmeder. Eminim bugüne kadar pek çok kez yükselişleri ve düşüşleri hissettiniz.

"Gün" yükselişi ima eder, doğru yolda olduğunuzun güveniyle dolu olduğunuzda, her an önünüzde açılacak manevi dünya kapılarının beklentisiyle mutlu olursunuz.

"Gece" düşüştür, hiçbir şey size haz vermez, manevi dünya yokmuş gibi görünür ve kendinize şu soruyu sorarsınız, "Bir hiç için neden hayatımı harcıyorum?"

Bu soruları size getiren egonuzdur. Ego saldırmak için mükemmel anı bulur çünkü acıya katlandığınızda ve manevi boyuta girdiğinizde onun hükmünden kurtulacağınızı bilir.

Doğal olarak, ego bunu istemez bu yüzden şu soruları sorar, "Sen kimin için çalışıyorsun?", "O'nu görebiliyor musun?", "Sonuç elde ettin mi?", "Etrafına bir bak, sen gerçekleşmeyecek bir amaçla mücadele ederken, insanlar mutlu ve huzurlu bir yaşam sürüyor!"

Daha devam edeyim mi?

Önerilecek tek bir şey var: "Gece" geldiğinde, etrafınızda manevi dünyanın yolunu arayan sizin gibi insanlar olduğundan emin olun. Aynı amacı taşıyan dostlar, siz egonun darbelerinin ağırlığıyla mücadele ettiğinizde, yalnız ve çaresiz olduğunuzu hissettiğinizde sizin yanınızda olur.

Başka bir faydalı tavsiye de uyumaktır. "Uyumak" ne demektir? Rahatsız edici tüm sorulardan uzaklaşmak, onları zihinden uzaklaştırmak ve geriye bakmamaktır. Bu süre zarfında "uyursunuz." "Gece" olduğunda, uzanın ve uyuyun böylece aklınız (düşünceler, hesaplar) ve bedeniniz (arzular) tıpkı bir hayvan gibi aynı seviyede olur. Aslında bu şekilde hiçbir şeyin sizi rahatsız etmemesini sağlamaktasınız.

Bu tıpkı gücünüzü tekrar toplayana kadar kendinizi iptal edip, hükümsüz kılmak gibidir. Bir şey düşünmemiş, eyleme geçmemiş olursunuz. Bilirsiniz ki sabah hemen köşe başında.

"Sabah", düşüş aşamasından çıkış, yeni bir yükselişi tanımlar.

Şunu sorabilirsiniz: "Neden Yaradan bu yükseliş ve düşüşleri bize gönderdi? Tüm bu acılar ve şüpheler neden? Bizi güzelliklerle ödüllendiremez miydi?" Aslında bu aşamaları O bize gönderiyor çünkü sürecin içinde aşamaların sürekli olarak değişmesi söz konusu, onlar olmadan ilerleme olmaz.

Ölümsüz Kitabın Sırları

Semion Vinokur

Tüm bunların üstesinden gelindiğinde doğru insan doğar, gerçek bir "erkek." Tekrar söylüyorum, daima içimizde olanlardan bahsediyoruz ve orada da "erkek" ve "kadın" var. Bu kavram "içsel erkeği" ima eder.

Eğer çocuğunuza istediği her şeyi verseydiniz ne olurdu? O gelişemez, kaprisli, bencil ve empati yoksunu olarak yetişirdi. Böyle bir çocukla mutlu olur muydunuz? Bu nedenle insan kaderini yaşar. Her ruhun Amaca doğru ilerlerken kendine has bir yolu var.

Eğer Yaradan hemen şimdi sizi iyi bir aşamaya getirecek olsa sizi Işığıyla yok ederdi. Özgür seçimden mahrum bırakılarak, o aşamanın kölesi olurdunuz. Kim mutlak mutluluğu reddedebilir? Oysa Yaradan, Işığın kölesi olmanızı arzulamaz. O, tüm aşamaları geçip Yaradan'ı kendi iradesiyle seçen bir dost, yandaş ister.

Göreviniz ölümlü bedenler ardındaki ölümsüz ruhu hissetmektir, bu şekilde tüm sorularınız kaybolur; sonra Yaradan'dan yayılan iyiliği ve O'nun her ruh için tasarladığı bireysel tavrını görürsünüz. O daima bizimledir; sevgili babasının tavsiyesini dinleyen bir çocuk gibi biz sadece O'nun rehberliğine güvenmeliyiz. Çocuk her konuda babasına dayanacağını bilir ve onun korumasına güvenir.

Işığın, günü geceden ayırmasının bir sebebi vardır, "... yeryüzüne ışık vermesi için gök kubbede ışık olsun."

Gök, Yaradan'ın niteliği olan ihsan etme niteliğini ima eder. Çünkü gökteki ışıklar "yeryüzüne ışık verir," egoist arzular içimizdeki özgecil niteliğe, boyun eğer.

"Ve Tanrı onları yeryüzüne ışık vermesi, güne ve geceye hükmetmesi ve ışığı karanlıktan ayırması için göğe yerleştirdi; Tanrı bunun iyi olduğunu gördü."

Sadece "gökteki ışıklar" onları ayırarak, aşamalarımızın değişimine etki yapar: "...güne ve geceye hükmetmek ve ışığı karanlıktan ayırmak için."

Bir kez daha tekrar edelim: Bu kutsal metin, Âdem'in ait olduğu evrenin yapısını anlatır. Âdem içinizdeki insandır. Gök, yeryüzü ve ışıklar, onun içindeki özgecil ve egoist arzuları temsil eder.

Yaradan insanı manevi dünyanın edinimine doğru iter. Bu noktada kendinizi içsel niteliklerinizle, içinizdeki "insanla" tanımlamak zorundasınız. Eğer başarırsanız önünüzdeki tüm aşamaları O'nla birlikte geçersiniz. "Geceler", "günler", "sabahlar" ve "akşamlar" sizi Sonsuzluğa, Üst Dünya yaşamına getirmek için düzenlenmiş manevi aşamalardır.

"...mevsimleri, günleri ve yılları göstersin." Zamandan bahsettiğinde dünyevi günleri, ayları ve yılları imgelemekten kaçınmalıyız çünkü manevi dünyada zaman yoktur. Sonsuzlukta zaman nasıl var olabilir ki?! Siz şimdiden sonsuz, ölümsüz ruha bağlısınız, bu şekilde nasıl zaman kavramı olabilir ki? Aslında zaman yoktur sadece manevi merdiven boyunca yukarıya çıkan yolda değişen aşamalar vardır.

"Gün" değişen bir aşamayı temsil eder - bir sonraki dereceye geçmeden önce, bir derecelik mesafede yükseliş ve düşüş ("sabah" ve "akşam" hepsi "bir gündür".)

Hodeş (ay), Hiduş (yenilenme) kelimesinden gelir -üst seviyede önceki aşamaya dönüş, yenilenmiş ve daha ilerlemiş, otuz yükseliş ve düşüşten geçmiş. Manevi merdivenlerde sizi düşürüp, üstesinden gelmeniz ve yükselmeye devam etmeniz için her seferinde egoizminizle ilgili ilave bir çalışma verilir.

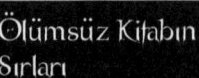

Semion Vinokur

Şanah (yıl), Lishot (tekrarlamak) kelimesinden gelir, aynı aşamaya geri dönen bir spiral üzerinde hareket etmek gibidir. Her iki şekilde yükseliş süreklidir.

"Günler," "aylar" ve "yıllar" hepsi sizin içinizdedir. Siz yeni ve gittikçe zorlayıcı egoist arzuları ıslah ettikçe "onlar vasıtasıyla" yaşarsınız.

Bazılarının "gün," bazılarının da "ay" ya da "yıl" ıslahına gereksinimi vardır. Her durumda yön sürekli olarak yukarıyadır.

Semion Vinokur

BEŞİNCİ GÜN

"Ve Tanrı buyurdu, 'Sular yaşayan canlılarla dolup, taşsın ve yeryüzünün üstünde ve göklerde kuşlar uçsun.' Ve Tanrı büyük deniz canavarları, korku salan canlıları ve uçan varlıkları türlerine göre yarattı; Tanrı bunun iyi olduğunu gördü. Ve Tanrı onları kutsadı ve şöyle dedi: 'Verimli olun, çoğalın ve denizleri suyla doldurun ve kuşların yeryüzünde çoğalmasını sağlayın.' Akşam oldu, sabah oldu, beşinci gün oldu."

Zohar Kitabı, Yaratılışın her gününü "göksel boşluk" olarak adlandırılan (İbranice; Hechalot-arzuların boş alanı) insanın içindeki "boşluğun inşası" olarak betimler. Ruhun egoist arzuları ıslah oldukça, bu boş alanlar aşamalı olarak Üst Işıkla dolar. Bu, her insanın bilinçaltında arzuladığı şeydir. Boş alanların dolması tüm ruhlara tam bir ıslah ve mükemmellik sağlar.

"Dalların Dili" bölümünde Yaradan'ın güçlerini bizim dilimizin kelimeleriyle tanımladığımızı söylemiştik. Örneğin Yaratılış Kitabı'nda onlara balık, kuş ve vb. denir: "...denizin balıklarına, göğün kuşlarına hükmetsinler." Bu satırları okurken kendi ıslahınız için yapmanız gerekenleri imgelemeye çalışmalısınız.

Daaga (endişe, kaygı) kelimesinden türeyen "balık" kelimesini inceleyelim. Metinde bu kelimeyi gördüğünüzde suda yüzen balığı değil, kaygıyı ima ettiğini bilin (suyun Rahmet Işığını ifade ettiğini hatırlayın). Kaygılanmamız gereken nedir? Yaradan'a yakın olup olmamakla. Sizi ilgilendiren başka bir şey yok. Manevi dünyayı edinme arzusu tam da Yaratılış Kitabının bahsettiği arzudur.

Ancak şunu aklımızda tutmalıyız ki, tüm arzular içimizdedir. Onlar, ıslah olmamış formlarıyla bize dünya

37

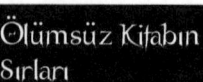

Semion Vinokur

nesneleri olarak görünür oysa onlar ıslah olmuş formlarında Yaradan'ın Işığıyla yönetilen güçlerdir.

Beşinci Gün, ilk ıslah edilmesi gereken arzulardan bahseder. Bu sebeple onların ıslahı daha "kolaydır": "...yeryüzünün üstünde, gök kubbede kuşlar uçsun." "kuş", "yeryüzüyle" (egoist arzularınız) ilgilidir ve egoist doğasının ıslah edilmesi gereklidir: "...kuşlar yeryüzünde çoğalsın."

Değerli okuyucu, sizin yapmanız gereken egoist arzulardan ayrılmak ve onları ıslah etmeye çalışmaktır. Bunu yapmak için sadece bununla ilgili düşünün. Düşünün ve Kabala Kitaplarını okuyun, özellikle de İbrahim, Musa ve ARİ zamanlarının kadim Kabala kaynaklarını alıp, onları bizim neslimize uyarlayan Baal HaSulam'ın kitaplarını.

Şimdilik Yaratılış Kitabına tekrar dönelim. Burada "yeryüzü" dediğimiz daha "zor" arzuları ıslah etme vaktinin geldiğini görürüz. Bu arzular yeryüzünden açığa çıkmış gibidir.

Yeni alanlar oluşur.(Hechalot-boşluk). Bu arzuların ıslahı ne kadar zorsa, boş alanlar o kadar Işıkla dolar.

Sonra Altıncı Gün gelir.

Semion Vinokur

ALTINCI GÜN

"Ve Tanrı buyurdu: 'Yeryüzü türlü türlü yaratıklar, evcil ve yabanıl hayvanlar ve sürüngenler üretsin.' Öyle oldu. Ve Tanrı türlü türlü yabani, evcil, sürüngen hayvan yarattı ve bunun iyi olduğunu gördü.'

Yaradan sadece bir arzu yarattı -haz almak. Ancak bu arzu o kadar kapsamlıdır ki hepimizi son amaca hemen getirmesi imkânsızdır. Her şeyden önce, insanın yaratılış amacı olan sonsuz mutluluktan bahsediyoruz. Bu sebeple tüm aşamalardan geçmemiz gereklidir çünkü içimizdeki haz alma arzusu daha küçük arzulara bölünmüştür. Her seferinde bir tanesini ıslah edip, "kolaydan" "zora" doğru gelişirken, Yaradan'ın bizim için hazırladığı sonsuz mutluluk ve mutlak hazzı elde ederiz.

Kalpteki nokta (manevi hazza özlem duyanlar) uyandığında, kişinin Üst Dünyaya ulaşmak için arzularla çalışması muhteşem bir yolculuktur.

Yaratılış Kitabı "kolay" arzuların nasıl ıslah edileceğini anlatır ve bundan sonra "yeryüzünün" zor arzularının ıslahı gelir.

"Yeryüzü kendi türüne göre canlı varlıklar üretsin." Bildiğiniz gibi, içinizdeki "insan" gayretli bir şekilde doğuma hazırlanmaktadır. Bu süreçte yeni arzular sürekli olarak ortaya çıkar fakat şimdilik kişisel hazzımız için kullanılmazlar.

"...ve Tanrı bunun iyi olduğunu gördü." "İyi" kelimesi arzuların saf olmasını ifade eder.

Bu arzulardan kim faydalanır? Sadece insan. Böylece içinizden doğacak "insanın" sırası gelir.

Ölümsüz Kitabın Sırları

Semion Vinokur

"Ve Tanrı buyurdu: 'İnsanı kendi suretimizde, kendimize benzer yaratalım; denizdeki balıklara, havadaki kuşlara, evcil hayvanlara, sürüngenlere ve tüm yeryüzüne egemen olsun.' Ve Tanrı insanı Kendi suretinde yarattı, Tanrı'nın suretinde O, insanı yarattı; onları erkek ve dişi olarak yarattı."

Diğer bir deyişle içinizden tüm arzulara hükmedecek olan "insan" doğar. "Denizdeki balıklara, havadaki kuşlara, evcil hayvanlara, sürüngenlere ve tüm yeryüzüne egemen olsun." Tüm bu arzular özellikle insan için yaratılmıştır.

İçinizdeki "insanın", arzulara hükmetmenin kendine ve dünyaya zarar verecek şekilde kendi yararına kullanmak olmadığını idrak etmeden önce, kat etmesi gereken zorlu bir yolu vardır. Tersine bu arzular, başkalarının memnuniyeti için kullanılmalıdır çünkü başkalarının arzularıyla ilgili olarak, hepimiz kendimizi başkalarından net olarak ayırma konusunda daima özgürüz.

Bununla ilgili ileride daha çok bahsedeceğiz, şimdilik şunu anlamak önemlidir ki, etrafınızdaki diğer ruhları hissetmeye başladığımızda, onlara karşı Yaradan gibi hissedeceksiniz. Burada özgür olma fırsatınız vardır, bu da Yaradan gibi olmaktır. Beraberce kesinlikle buna ulaşacak ve Yaradan'ı memnun etmek için ne yapılması gerektiğini bileceğiz.

Yaratılış'ta bahsedilen duruma tekrar dönelim. "İçinizdeki insanın doğumundan" önce, sadece cansız, bitkisel ve hayvansal arzularla doluydunuz. Bu ne demek? Tek bir şey istediğinizde bu cansız arzudur -tıpkı yol kenarındaki bir taş gibi hareketsiz olmak ve bir şey düşünmemek, tek bir düşünceyle tamamen pasif olmak: "Beni rahat bırakın." Böyle olduğunuz zamanları hatırlayın!

Dışsal uyarıcılara reaksiyon gösterip fakat yere yapışmış gibi kıpırdayamadığınız durum bitkisel arzulardır. Tıpkı gün içinde açıp, gece kapanan bir çiçek gibi güneşe uzanırsınız. Hareket etmek, yükselmek ve düşmek için bir dürtünüz vardır. Kendinize şu soruyu sormaya başlarsınız: "Neden acı çekiyorum?" "Sulanmak" ister gibi Işığa özlem duyarsınız. Sadece büyümenizle ilgilenirsiniz, artık bir taş parçası değilsinizdir -işte bu gelişmedir.

Hayvansal arzu, eylemi ve yaşamı sürdürebilme arayışını belirtir. Bu aşamada sizin gibi olanlarla temasa geçer ve beraber olursunuz çünkü yiyecek bulmak bu şekilde kolaylaşır. Üremek ve soyunuzu sürdürmekle ilgilenirsiniz.

Sonra, birden, "içimizdeki Adam" denilen tüm diğer arzuları içine alan en karmaşık ve yüce arzu içinizde belirir.

"Adam" kelimesi İbranice "Âdem"den gelir.

"Âdem", Domeh -benzer- kelimesinden türemiştir.

Kime benzer?

Yaradan'a.

Hangi açıdan benzer?

Nitelikleri bakımından.

Yaradan'ın nitelikleri kusursuz ihsan, mutlak ve koşulsuz sevgidir. Bu özellikle Âdem'in özlem duyduğu ve edinmek zorunda olduğu niteliklerdir. (Bu nitelikleri, önce tanıdık, gittikçe daha iyi anlaşılır ve sonra da içimizde hissedilir hale gelene kadar tekrarlamaya devam edeceğiz.)

Olmanız gereken budur. Ancak bundan sonra kendinizi Cennette bulursunuz, yani Cennete ve onun Efendisine benzersiniz. İlerleyen bölümlerde içinizdeki Cennetin ve bu Cennetin içinde Âdem'in nerede olduğunu daha çok inceleyeceğiz.

Ölümsüz Kitabın Sırları

Semion Vinokur

Şu önemlidir ki Yaradan gibi olmak isteyen ve manevi olarak doğan kişiye Âdem (Yaradan'a benzer olan "adam") denir. Bu kitap boyunca bahsedilen kişi budur. Sadece bu aşamaya özlem duyanlar kitabı doğru okuyabilir. Diğerleri ise rahat bir yaşam sürmek ve başarılı olmak için çeşitli ipuçları veren bir öykü okuduğunu düşünür.

Âdem, bu kitabı okumaya devam etmenize sebep olan içinizden gelen arzudur. Artık diğer arzularınız sizi daha fazla tatmin etmez. Kanepeye uzanma günleriniz bitti; artık zenginliğe doğru çekilmiyor ve bıkıp usanmadan saygınlık ya da ün kazanmak için çalışmak istemiyorsunuz.

Tüm bunlar ne demek? "Âdem" ya da "kalpteki nokta" içinizde uyandı. Bu nokta Yaradan'la birdir ve O kök olduğundan, O'na benzemek ister.

"İnsanı kendi suretimizde, bize benzer yapalım" cümlesinin anlamı budur. Orijinal İbranicede "Be Tzelem" yazılır. Tzelem (Üst Olanın sureti), insanın ruhuna inen ve Yaradan'ın niteliklerini ona aşılayan Yaradan'ın parçasıdır. (Üst Derece)

Diğer bir deyişle tüm ruhların sorumluluğunu, yolunu ve ıslah düzenini üstlenen Üst Yönetimin bir aracıdır. Bu yönetici araç direkt olarak içinizdeki Âdem'e, kalpteki noktanıza bağlıdır.

Daha önce söylediğimiz gibi, kalpteki nokta manevi dünyayı edinme arzusunu amaçlarken, kalp bizim tüm dünyasal egoist arzularımızı temsil eder. Bu noktanın kalple bir ilgisi yoktur. Bize Yaradan tarafından verilmiştir ve hepimizin içindedir, yalnızca uyanması zaman alır.

Neden sadece bir nokta? Çünkü manevi arzular henüz içinizde oluşmadı. Bu arzular ilk adımlarını atan bir bebek gibi. Bu nedenle onlara bir "nokta" denir.

Semion Vinokur

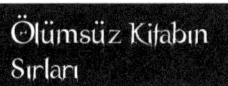

İçinizdeki "Âdem" ilk adımlarını atıyor. O direkt olarak "ebeveynlerine" (Yaradan) bağlıdır ve bu bağ olmadan varlığını sürdüremez. Tıpkı ebeveynleri gibi büyümek ister.

Bu nokta vasıtasıyla, Yaradan bize bağlanır ve yönetim aracını bize bağlayarak, Kendi suretini içimizde inşa etmeye başlar.

Bu aracın amacı nedir? O Yaradan'ın programı ve kat etmeniz gereken yolla ilgili bilgiyi size sağlar. Manevi dünyaları algılamadan, ne yapacağınızı, bir sonraki adımınızı ya da sizden ne beklendiğini bilemezsiniz. Bu sebeple yanlışlar yapmaya ve acı çekmeye devam edersiniz.

Uçsuz bucaksız dünyada kör bir kedi yavrusu gibisiniz. İlerlemeniz için gereken nitelikleri elde etmeniz için, Üst Derece size tam da ihtiyacınız olan şeyi ve nasıl yapacağınızı öğretmek ister. Bu sebeple bu destek aracına Tzelem denir.

Bu araç, tüm gerekli ıslahı aktive edecek olan ruha işlenmiştir. Bu sebeple Âdem, Yaradan'ın suretinden yapılmıştır denir. İnsan en önemli varlık, Yaratılışın taç mücevheridir.

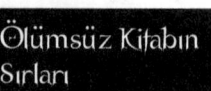

Semion Vinokur

DÜNYA İÇİN SORUMLULUK ALMAK

"...denizdeki balıklara ve havadaki kuşlara ve yeryüzünde yaşayan tüm canlılara hükmeden."

Egoist arzularınızı ıslah ederek (cansız, bitkisel ve hayvansal), tüm evreni de ıslah edebilirsiniz. Bu cümleyi şimdilik aklınızda tutun. Daha sonra bunu açıklığa kavuşturacak ve gösterdiğiniz çabanın etrafınızda olan her şeyi nasıl tayin ettiğini göreceksiniz.

İnsan dünyada gerçekleşen şeylerle ilgili muazzam bir sorumluluğa sahiptir ve henüz tam olarak bunu idrak etmediğinden -hayvansal arzularla devam eden bir yaşambununla suçlanamaz. Ancak idrake vardığında yaratılma amacı için çalışması başlar.

"Bu kadar önemli olan ne?" diye sorabilirsiniz, "Eğer ıslah yoluna başlarsam (öncelikle eğerler yoktur -herkes er ya da geç bu yola girer), otomatik olarak etrafımdaki her şeyi ıslah ederim." Bu doğru. Doğa'da gördüğümüz tüm sorunlar içimizde olanların bir aynasıdır. Ekolojik felaketler, denizlerin ve nehirlerin taşması, soyların tükenmesi ve uç hava koşulları hepsi bizim yansımalarımız, bizi köleleştiren egonun özüdür. Tüm dünya içimizde ve onda olan her şeyden sorumlu olduğumuzu anlamamızı ve ıslah olmamızı bekliyor.

Örneğin, bir kayayı düşünün ve ona "Yaradan" deyin. Bu kaya belli bir yüzde kil, belli bir yüzde kireç, belli bir yüzde altın ve bazı mineralleri içersin. Eğer kaya parçalanırsa, her parçadaki elementlerin yüzdesi ne olur? Tüm kayanın yüzdeleriyle aynı yüzdeleri taşır. Çünkü her bir parça bütünün bir parçasıdır, içeriği bütünle benzerdir. Bu sebeple jeologlar bütünün içeriğini öğrenmek için, parçayla çalışırlar.

44

Her birimiz bu "kayanın", Yaradan'ın bir kırığıyız. Bizler, O'nda var olan ihsan ve sevgi niteliklerine sahibiz, O'ndan kırılmış parçalarız. Bu bozukluğun sebebi nedir? Egoizm -Yaradan'a tamamen zıt bir nitelik.

O'na nasıl geri döneceğiz? O'nunla zıt olduğumuzu anladığımız ve O'na dönmeyi arzuladığımız an, derhal O'na giden yola girmiş oluruz. Manevi yolun temeli bunun için bir arzu oluşturmaktır. Ancak, bu arzuyu sonuca ulaşana, acı çekene ve acıyla kıvranana kadar sürdürmeliyiz.

Arzu dünyadaki her şeyin temelidir ve her şeyi o tayin eder. Amacınız O'na bağlanmaktır. Eğer bunu yapmaya arzunuz varsa, kendini sevme köleliğinden kaçmaya başlar ve etrafınızın değişmeye başladığını hissedersiniz. Artık daha fazla çevrebilim konferanslarını ya da "Green Peace" çalışmalarını izlemeye ihtiyacınız yok. Egonun üzerine çıkmalı ve Yaradan'a doğru yolculuğa başlamalıyız.

Kabalistler tarafından yazılan tüm kitapların mesajı budur. Egolarımızın üzerine çıktığımız an, her şey değişir. Sonunda evrensel gerçeği anlarız: Yaradan bizi Kendi suretinde ve benzer yarattı ve biz asla bu aşamayı terk etmedik.

"O'nun suretinde ve benzer" ne demek? Yaradan, ihsan etme yasasıyla işleyen dünyayı yarattı. Yaradan'ın suretinden yapılmış olduğumuzdan, bu dünyada yaşıyoruz ve dünya bizim içimizde. Ancak manevi dünyanın yasasını, ihsan etme yasasını algıladığımız ölçüde dünya içimizde mevcut.

"Cennet Bahçesinde" yaşadık ve yaşamaya devam edeceğiz. Bunu göremiyor ve hissedemiyoruz çünkü egomuz bize egoist, yanlış bir resim çizerken, bizi gerçek resimden ayırıyor.

Ölümsüz Kitabın Sırları

Semion Vinokur

İnsan dünyayı içsel nitelikleri vasıtasıyla algılar. Eğer bozuksak, dünya da bize bozuk gelir. Eğer kusursuz isek dünya da öyle gelir.

Bir yalanı yaşıyoruz ama şimdi Gerçeği yutmaya hazırız. Eğer bu düşünce canlı ve sizi tekmeliyorsa, o zaman egonun hapishanesinden kaçabilirsiniz!

Semion Vinokur

YEDİNCİ GÜN

"Gök ve Yeryüzü tamamlandı. Yedinci günde Tanrı yaptığı işi bitirdi ve dinlendi. Tanrı yedinci günü bereketli kıldı ve kutsadı, çünkü o gün bütün işini bitirip dinlendi."

İnsanın tüm işi, var olmasının sebebi Yaradan'ın niteliklerini edinmektir. İnsan kendini bu nitelikler vasıtasıyla ıslah eder ve ıslah sürecinde manevi merdivenler boyunca sonsuzluğa ve mükemmelliğe, Yaradan'a, gittikçe daha da yakınlaşarak yükselir.

Önceki altı gün boyunca, ıslahın altı derecesinde ne yaptık? İhsan etme niteliğinin prizmasından egoist arzulara baktık. Her derecede kendimizi Yaradan'la kıyasladık ve gördük ki daha yapacak çok işimiz var. Bu şekilde kendi "ben-imizi" araştırdık. Altı "gün" sırasında "kolay" arzulardan (ıslahın başlangıç noktası), daha "zor" olanlara doğru ilerledik.

Kabala dilinde "aydınlanma" anlamı taşıyan Sappir (safir) kelimesinden türemiş Sefirot denilen altı ilerleme derecesi vardır. Sefirotların isimleri şöyledir: Hesed, Gevura, Tiferet, Netzah, Hod, Yesod.

Her derecenin kendine özgü aydınlanması vardır.

Kabalist, manevi dünyaya bağlı, bu bağı açıkça hisseden kişidir.

"Kolay" egoist arzularla çalışırken, kendini Hesed derecesine yerleştirir. Amacı kendini Yaradan'a benzer hale getirebilmektir. Sadece tek bir şey düşünür: "İletişimimizin O'nun için haz verici olması için ne yapabilirim, egoist arzularımı ihsan etme arzularına nasıl dönüştürebilirim? O öyle kusursuz ve ihsan edici ki. O'nun gibi olmak istiyorum ve O'nun bunu istediğini de biliyorum. Bunu direkt olarak başaramam çünkü O'nun Işığında gerçek bir egoist olarak

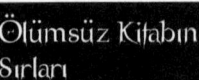

açığa çıkıyorum. Bunun benim doğam olduğunu biliyorum, peki bunun üstesinden nasıl gelirim?"

Bu düşünceleri takiben kişi Yaradan'a şöyle seslenir: "Beni bu şekilde haz almak için yaratan Sensin, aynı zamanda ihsan edebilmek için ne yapmalıyım? Beni, geçici egoist arzu yerine sonsuz, gerçek hazzı edinmem için yarattın. Babasını mutlu etmek isteyen bir oğul gibi, Seni mutlu etmek için ne yapabilirim?"

Cevap sorunun içindedir: Haz vermek için almak. Nasıl? Niyeti değiştirerek. Niyetimi, kendime hizmet etmesi yerine, Yaradan'ı memnun edecek şekilde değiştirmeliyim. Bu, sadece belirli bir derecedeyse ve O'nu görürsen, mümkündür. (örneğin, Hesed). Bu, açık olarak ihsan etme niteliğinin muhteşemliğini hissederek ve egonun kötülüğünü ve anlamsızlığını açığa çıkararak mümkün olur. Eğer Yaradan senin ricalarına kulak verip ve seni bu ifşayla ödüllendirirse, niyetini değiştirebilirsin. İhsanın içinde olmayı arzular, Yaradan için bundan daha büyük bir haz olmadığını idrak edersin. Bu olduğunda, bu demektir ki, bir "perde" inşa ettin.

Semion Vinokur

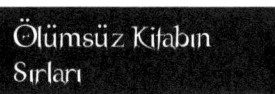

PERDE

Perde egoist arzulara karşı gösterilen direncin gücüdür. Eğer bu gücü edinirseniz, Yaradan'a yönelik mükemmel bir formdasınız demektir. Burada şunu ilave etmeliyim ki perdeyi kendiniz inşa edemezsiniz. Daha ziyade bunu ısrarla Üst Derece olan Yaradan'dan talep ettiğinizde elde edebilirsiniz. Manevi dünyada Üst Derece şimdiki derecenizin üzerindeki derecedir. Bu derece, içinizdeki Yaradan'dır. Bu şekilde Yaradan'ın adlarını edinebilirsiniz (daha önce bahsetmiştik).

Her bir sonraki derecede Yaradan'ı daha iyi bilecek ve O'nun adlarını, O'nun tam ifşasına ulaşana kadar, her seferinde daha fazla açığa çıkaracaksınız.

Öyleyse, ne zaman bir perde inşa edeceksiniz? Üst Derece onu almak için her şeyi yapmaya hazır olduğunuzu hissettiğinde. Yakarış kalbin derinliklerinden gelmelidir: "Senin gibi ihsan etme gücünü bana ver... Kendimi ıslah etmeme yardım et, Sana yalvarıyorum." Eğer duanız içtense, perdeyi edinirsiniz.

Bu demektir ki egoist arzularınızı ihsan etme niyetiyle "ıslah" etmelisiniz. Gözlerinizi açmanız ve realitenin gerçek resmini görmenizi sağlayacak perdeyi edinmek için her gün kendi "ben-inizi" Yaradan'ın "kliniğine" getirip, şifa bulmayı dilemelisiniz. Bu klinikte, çalışmaya başlamanız, onu hissetmeniz, kendinizi kontrol etmeniz, ne kadar güçlü olduklarını görmeniz için size ilave egoist arzular gönderilir ancak bundan sonra perde için yakarırsınız - sizi bu dereceden düşmekten koruyacak güç.

Amaç net, yukarıya yükselirken ve olgunlaşırken size parçalar halinde verilen egoyu düzeltmek. Bu şekilde aşamalı olarak dereceden dereceye ilerleyebilirsiniz. Bir

Ölümsüz Kitabın Sırları

Semion Vinokur

kısım egoizmle uğraştığınızda, bir sonraki egoist arzuya yakınlaşmanız için size bir yükselme fırsatı verilir. Ve sonra niyetinizi egoistlikten, özgecile düzelterek onlarla çalışmaya başlar ve şunu dersiniz: "Alıyorum ve böyle yaparak Sana mutluluk veriyorum." Her derecede o derecenin çalışması, perdesi ve Yaradan'ın adı edinilir.

Yaratılışın Altı Günü, Sefirotlara şu şekilde karşılık gelir: Hesed, ilk, Gevura, ikinci, Tiferet, üçüncü, Netzah, dördüncü, Hod, beşinci ve Yesod altıncı gün.

"Yaratılışın altı günü" denilen bu altı ıslah derecesi aynı zamanda Yaratılışın altı bin yılı ya da kişinin altı derecesidir. Bu süre boyunca insanoğlu egoizmini ıslah etmek için gayret göstermiştir. Şimdilerde altıncı milenyumun sonu olan 5774 yılındayız.

Şimdi şunu sorabilirsiniz, "Yedinci Derece nedir?"

Semion Vinokur

ŞABAT, YEDİNCİ DERECE

Almak isteyen ve kendini alıcı olarak tanımlayan yedinci ve son dereceye "bütün, bağımsız varlık" denir. Her derecenin son aşamasıdır. Aynı zamanda bizim kökümüzdür.

Bu derece egoizmin temeli olduğundan kendini ıslah edemez. Ancak ondan önceki altı ıslahın (yaratılış günleri) deneyiminden sonra onları "özümseme" ve niteliklerini edinme becerisi elde eder.

Dolayısıyla, "Yedinci Günün" amacı, önceki altı gün sırasında yaratılan ve birikmiş her şeyi almak ve sonunda tam, bağımsız bir varlık ortaya çıkarmaktır.

Yedinci dereceye "Şabat" denir. Bu özel bir gündür çünkü bu aşamada, ruhlar Üst Işıkla dolar. Tek şart sembolik olarak Şabat yasalarıyla temsil edilen bu sürece müdahale etmemektir. Küreklerinizi atar ve kendinizi Işığın akışına bırakırsınız. Bu yasalara teslim olup, egonuzu "kapalı" tutmalısınız. Şöyle yazılmıştır, "Kim altı gün çalışırsa, yedinci günde yemek yer." Bunun anlamı şudur, eğer altı derece, altı milenyum boyunca arzularımızla çalışırsanız, Yaradan tarafından sizin için hazırlananları alırsınız. Bu, hazzın ve bereketin Üst, İlahi Işığıdır.

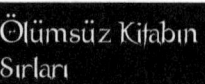

Semion Vinokur

YARATILIŞIN YEDİ GÜNÜ

Şimdi Yaratılışın yedi gününü özetleyelim. Doğru içsel çalışmanın sonucu ne olmalıdır? Ruh, egoist seviyeden ihsan etme seviyesine yükselir. Bu "haftanın yedi günü" denilen birbirini izleyen yedi ıslahla gerçekleştirilir.

Yedi Yaradan'ın sayısıdır. Dünyamıza hükmeden sistem yedi kısımdan oluşur. Bu sebeple, dünyamız yediye ve yetmişe bölünmüştür: dünyanın yetmiş ulusu, haftanın yedi günü, tayfın yedi rengi, yedi müzik notası. İnsan ruhu yetmiş kısma bölünmüştür, insan yaşamı yetmiş yıllık devirlere hesaplanır ve yedinci milenyumda insan hedeflediği ödülü alır.

5774'lerde yaşıyoruz. Yedinci milenyum başlamadan önce geri kalan 230 artı yıl boyunca bizi neler bekliyor? Sadece oturup, bekleyecek miyiz? Hayır. 6000 yıl sürmesi planlanmış bu sürece müdahale edebilir ve onu hızlandırabiliriz. Bu müdahale başladı bile. Bütün bilge kişiler, 1995 yılını dünyanın bilinçli ıslah sürecinin başlangıcı olarak belirtir. Geçmişin büyük Kabalistleri tarafından Zohar Kitabı da dahil pek çok metinde bu irdelenmiştir.

Aslında 1995 yılından bu yana dünya üzerinde pek çok insan ıslah yoluna girmiştir.

Ancak seçilmiş olanlar, başkalarından önce bu süreçten geçmiş ve Üst Dünyayı, mükemmel realiteyi hissetmeye başlamışlardır. Dahası bilinçli ve istekli olunduğunda ıslah yolu olağanüstü bir macera gibi hissedilir.

Evrenin sisteminin işlevini ve yapısını çalışma amacınız budur; özellikle sürece nerede ve nasıl dahil olacağınızı, bir şeyleri değiştireceğinizi ve ıslahı başarmayı öğrenmek.

Semion Vinokur

Ölümsüz Kitabın Sırları

Aslında insan direkt olarak geldiği kaynağı, kökünü etkileyemez çünkü oradan düşük bir dereceye gelmiştir.

Ancak, kendini ıslah ederek ve niteliklerini köküne eşitleyerek, üstten gelenleri algılama şeklini değiştirebilir: Sonu gelmeyen darbeler, sorunlar ve gündelik zorluklar yerine, mutluluk, soluk alma, mükemmellik ve bölünmez edinimi deneyimlemeye başlar.

Yaradan tarafından Üst Dünyaya hükmetmek ve kaderimizi kontrol etmek için yaratıldık.

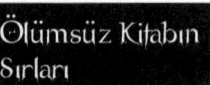

Ölümsüz Kitabın
Sırları

Semion Vinokur

ÜST ARZU

Doğduğumuz an "içimizdeki insana" ulaştık. İçimizde yeni bir "insan" arzusu doğdu. Şimdi bu arzuyu ve onun getirdiklerini dikkatlice inceleyelim.

Bundan sonra Tora'nın tamamlayıcısı, kadim bir sözel kaynağa bakacağız. Bu kaynak Midraş'tır (Sözel Tora). Binlerce yıldır öğretmenden öğrenciye sözel olarak geçirilmiştir. Eski Ahitle beraber zamanımıza ulaşmış ve onun kadar saygı görmüştür.

İnsanın yaratılışıyla ilgili aşağıdaki bölüm, Midraş'tan alınmıştır: "Tanrı, Âdem'i yaratmak için geldiğinde, yönetici melekler aralarında ayrıldılar, bazıları şöyle dedi, 'Bırakalım yaratılsın,' diğerleri itiraz etti, 'Yaratılmasın.'

"Sevgi şöyle dedi, 'Bırakın yaratılsın, çünkü o sevgiyi yayacak.' Hakikat şöyle dedi, 'Yaratılmasın çünkü o yalanla karıştırıldı.' Erdemlik şöyle dedi, 'Bırakın yaratılsın çünkü o erdemli işler yapacak.' Huzur şöyle dedi, 'Yaratılmasın çünkü o çekişmeyle dolu'...

"Yönetici melekler Tanrı'ya şöyle dedi: "Evrenin Hükümdarı! Yaratılırken sorun olan, Önemsediğin ve Düşündüğün bu insan nedir?"

"Tanrı onlara şöyle dedi, 'Öyleyse, koyun ve öküz, hepsi neden; neden havada kuşlar, denizde balıklar yaratıldı? İyi şeylerle dolu bir kule ve içinde hiç konuk yok, bu ev sahibine nasıl mutluluk verir?'"

Yaradan'ın "meleklerle" bu "konuşmasını" detaylandıran bu pasajın anlamı ne? Öncelikle Yaradan kim? Yaradan içimizde ve etrafımızdaki her şeyde var olan Doğa Yasası, Sevgi Yasası ve ihsandır. O değişmez ve ölümsüzdür. O'nu algılayamayız çünkü tamamen farklı yasalarla yaşıyoruz, oysa yaşamımızın amacı O'nu ifşa etmektir.

"Melekler", Yaradan'ın Yasasına uyan, bağımsız olarak düşünemeyen ya da hareket edemeyen güçlerdir. Meleklerin Sevgi Yasasına ve ihsana hizmet eden güçler olduklarını söyleyebiliriz.

Şunu aklınızda tutun ki Midraş, ıslahı tamamlamış ve ihsan etme gücünü, Yaradan'ı keşfetmiş, Kabalistler tarafından ifşa edilenleri anlatıyor.

Doğal olarak, tamamen egoist ve kötü olan insan doğasını temsil eden karşı güçler açığa çıkmaya başlıyor.

Tam karanlıkta bir ışığın parladığını düşünün. Etrafınızdakiler aydınlandığında, tüm bu zaman süresince bir çöplükte oturmuş olduğunuzu keşfediyorsunuz. Önce karanlıkta kalmak daha iyiymiş gibi görünebilir, fakat durum böyle değildir. En azından pis kokunun kaynağını ve neden bu kadar acınacak halde olduğunuzu biliyorsunuz. Amacımız çöplüğü temizlemek ve egoizmimizi dizginlemektir. Nasıl? İşte bu özellikle Midraş'ın bahsettiği şeydir.

Bize insanın görünüşte iki güç arasında "askıda kaldığını", iyi ve kötü arasında yarı yolda bir noktada var olduğunu anlatır. Bu güçler onun içinde hareket eder ve insan onları dengelemeye çalışır. Sıklıkla söylediğimiz gibi, "Göğün ve yeryüzünün arasındayım."

Öyleyse "insanın yaratılması için" konuşan güçler ("melekler"), içimizdeki Doğa'yla dengededir. Sonra "melekler" dengeyi yitirir ve yaratıma karşı gelir çünkü insanın bu güçleri, kendine ve tüm dünyaya zarar vermek için kullanacağını "önceden bilirler." Tüm bu güçlerin -destekleyen ve karşı çıkan melekler- Yaradan'ın güçleri olduğunu unutmayın. Tüm bu karmaşa Yaradan tarafından

Semion Vinokur

tek bir amaç için tasarlanmıştır, bağımsız olarak tarafımızı seçmek.

İnsan egoist olarak doğmuştur. En başından dengesizliğe batmıştır ve yalanı gerçeğe tercih eder. Bu nedenle "Yaradan'ın mührü" denilen hakikat niteliği, insanın yaratımını amaçlar. Bu onun iyiliği içindir -genel yasayla dengede olmadığı için acı çekmekten onu korumak.

"Hakikat şöyle dedi, 'Yaratılmasın çünkü o yalanla karıştırıldı.' Erdemlik şöyle dedi, 'Yaratılsın çünkü o erdemli işler yapacak.'"

İnsan egoist olduğundan bunu idrak etme ve sonrasında takdir etme fırsatına sahiptir. Şükürler olsun ki insan neyin iyi olduğunu idrak edebilmesini sağlayan iyi amellere sahiptir, böylece ihsan etme niteliğini edinir ve kendini ıslah eder. Bu tıpkı "meleğin" söylediği gibidir, "İnsanın tüm nitelikleri ıslah olacak çünkü Ben onun içindeyim, o yüzden merak etmeyin."

Bir de "huzur meleği" var.

"'Huzur şöyle dedi, 'Yaratılmasın, çünkü o çelişkiler içinde.'" İtiraz eder çünkü insan huzurun tersidir. Sadece kendisi için yaşar ve her şeye sahip olmak düşüncesindedir. Eğer niyeti utanmadan başkalarından faydalanıp her şeyi sadece kendisi için almaksa, o zaman huzurdan nasıl bahsedebiliriz?

İnsan agresiftir, başkalarının mutsuzluğundan haz alır, başkasına zarar vermek ister ve varlığı için gerekenden daha fazlasına özlem duyar. İçindeki kötü nitelikler onu hayvansal seviyenin üzerine çıkarır ama hayvansal seviye Doğa'yla ahenk içindeyken, neden insan öyle değildir?

Aslan ve bir inek varlıklarını sürdürebilmek için ihtiyacı oldukları şeyleri çevrelerinden alır, fakat insan için bu böyle değildir. Doğa bu hareket biçimini hayvanlara aşılamıştır ama insan buna uymaz. İnsanın içinde huzuru sağlamak için kullanacağı tek bir nitelik yoktur. Huzur kavramı şu anlamdadır: Sadece yaşamam için gerekli olanı alırım, geri kalan bana ait değildir.

O, Doğa'nın ihsan etme niteliğinin tersine, tüm dünyaya ihtiyaçları doğrultusunda hükmedecek şekilde, grotesk bir arzuyla doğmuştur. Bu sebeple huzur meleği insanın yaratılışıyla ilgili bu kadar net konuşmaktadır çünkü o dünyaya sadece karmaşa ve savaş getirir.

Aslında bunu insanoğlunun savaşlarla dolu tarihinde görürüz. Eğer insan, özünün bilincinde olarak gelişseydi, başkalarını kendi menfaati için nasıl kullandığını idrak ederdi. "Savaşla" kastettiğim şey budur: Başkasının bölgesini aralıksız bir biçimde işgal etmek, yani başkasının "ben-inin", benim tarafımdan köleleştirilmesi.

Milenyum boyunca insanoğlunun tüm ilerleme süreci silahların geliştirilmesi ve kitle yıkımlarıyla geçmiştir. İnsan yönetmek, kâr elde etmek ve kendini başkaları üzerine yükselterek güç kullanmak için yollar arar. Bu sebeple huzur meleği insanın uyumsuz olduğunu söylemede haklıdır. Bu eğilimlerden hiç birisi çevresiyle uyumu yakalamaya yönelik değildir. Aksine insan başkalarına ait her şeyi kontrol etmek için çaba sarf eder.

Midraş'a göre insan dünyaya gelmemelidir bile. Sebep açıktır: Midraş insanın içinde "yaşayan" yönergelerdir, fakat o bunları reddeder ve bunlara göre yaşamak istemez. Dolayısıyla, insanın yaratılmasına karşı çıkan melekler çok haklıdır. Doğa'nın zıttı olan insanın yaratılmaması gerekir.

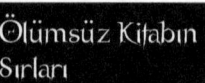

Semion Vinokur

Ancak, insan güçlerini doğru olarak kullandığında ve ıslahı başardığında, Doğa'nın ve dünyanın üzerinde kral olur, tüm süreç anlamlı hale gelir ve Yaradan'a eşit olur.

Daha önce belirttiğimiz gibi, Yaradan, "melek" dediğimiz güçleri ve özel yasaları içeren Doğa'nın herkesi kuşatan yasasıdır. Yaradan onlara şöyle der: "Yine de tüm kusurlarına rağmen insanı yaratacağım çünkü görüyorum ki tüm bu süreçle o manevi bir derece elde edebilir. Benim ondan beklediğim budur. O kendini ıslah edecek. Kendini egodan kurtaracak ve Bana gelecek. Böylece Işığımın kölesi olmadan, bunu başarmış olacak. Bu çok önemli."

Bu sebeple Yaradan, Yaratılışın ilk aşamasını ve geçeceğimiz diğer aşamaları önemsemedi. O, bizi zaten varlığımızın amacı olan nihai aşamada görmüştü.

Midraş'ta anlatılan mücadele insanın içindedir. Her adımda, yaşamın her anında, insan bu dengeyi kurmak için çalışır ve dolayısıyla dünyaya ahenk getirir. Yerinde durmaz, her aşamada kendini eyleme zorlar ve her adımda yolunu kendi seçer. İnsan her an, tüm zıt güçlere ve niteliklere rağmen, Yaradan'ın onu neden seçtiğini sürekli olarak irdeleyerek, Yaratılış amacına bağlanmalıdır. Aslında insanın çalışmasının amacı kendi yaratımını haklı çıkarmaktır.

Hepimizde olan şey budur; sadece bu durumla ilgili duyarlı olmamız gereklidir.

Semion Vinokur

Ölümsüz Kitabın Sırları

İNSANIN YARATILMASI

Yaradan, Âdem'in bedenini yapmayı diledi. O'nun çalışması şu şekilde oldu: Âdem'in ellerini ve bacaklarını yapmak için, dünyanın her köşesinden toprağı bir araya getirdi. Gövdesi için, Babil'in toprağını aldı. İnsan bedeninin en önemli kısmı olan başını yapmak için, Eretz Ysael (İsrail toprakları) toprağını aldı. Yaradan tüm toprakları, Tapınağında kurban sunağı olan Moriah Dağı'nda bir araya getirdi. Dünyanın tüm okyanuslarından gelen suyla onları karıştırdı ve çamura Âdem'in bedeni olarak şekil verdi.

Gerçekte Midraş, insan bedeninin biyolojik olarak nasıl yapıldığından ya da çocukların kova ve kürekle oynadığı gibi toprakla suyun karıştırılmasından bahsetmez. Daha ziyade, Midraş insanın içinde dünyanın güçlerini nasıl barındırdığını anlatır. Yazılan şey şudur: "Âdem'in ellerini ve bacaklarını yapmak için Yaradan, dünyanın her köşesinden toprağı bir araya getirdi." Bu şu demektir, insan tüm dünyanın arzularını barındırır. Eğer onları ıslah ederse, tüm dünyayı ıslah etmiş olur.

"Toprağı dünyanın tüm okyanuslarından toplanan suyla karıştırdı ve insan bedenini çamurla şekillendirdi. İnsandaki "su" her şeye can veren ihsan etme gücünü, özgecil niteliği temsil eder ki o da dünyanın her yerinden toplanmıştır.

Bu sebeple haz alma arzusu (toprak, yeryüzü) ve ihsan etme arzusu (su), insanın içinde mevcuttur. Onlar insanın her arzusunda karıştırılır ve bir araya getirilir. Biz ihsan etme gücünü tanımlamalı ve alma gücünü ıslah etmek için onu kullanmalıyız ki ihsan etme arzusu, alma arzusuna hükmetsin. Sonra tüm haz alma arzumuz içimizde bir araya

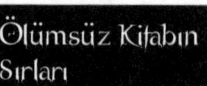

Ölümsüz Kitabın Sırları

Semion Vinokur

gelir ve sadece ihsan etme niteliğiyle aktive olan dünya "uluslarını" oluşturur.

"İnsan bedeninin en önemli kısmı Âdem'in başı için, O, İsrail Topraklarını aldı." Yaradan insanın "başını", Yaradan'ı amaçlayan arzulardan, İsrail "toprağından" yaptı. Bu şekilde insan Yaradan'ın niteliklerini edinmeyi amaçladı. İsrail, Yaşar El kelimesinden gelir, bunun anlamı Yaradan'a Doğru'dur.

Yaradan insanın "gövdesi" için toprağı ihsan etme niteliğine ait dereceden, Babil'den aldı. Babil'in "Babil Kulesi" olarak bilinen büyük krizin çıktığı yer olması tesadüf değildir. Babil halkı alma güçleri yardımıyla Tanrısallığı edinmeyi arzuladı ama bu mümkün olmadı. İnsanlar dağıldıktan ve niyetlerinin beyhudeliğini anladıktan sonra, tekrar bir araya geldiler ve ihsan etme güçlerinin yardımıyla Yaradan'ın derecesini edindiler.

(Kökleri çalıştığımızı hatırlatmama izin verin, yani Yaradan'ın güçlerini. Fiziksel alanda, yeryüzünde var olan her şeyin kendi Üst manevi kökü vardır. Bu nedenle maddesel dünyada var olan "Babil Kulesi" aynı zamanda içimizde de vardır.)

"Yaradan bir araya getirdiği tüm toprağı, Tapınağında kurban sunağı olan Moriah Dağı'na getirdi. Dünyanın her yerinden gelen suyla onu karıştırdı ve insan bedenini şekillendirdi."

İnsan nerede yaratıldı? Manevi olanın, maddesel olana değdiği, bu iki yakın derecenin temas ettiği noktada, özel bir yerde. Ancak, birbirine yakın iki dereceden bahsettiğimiz halde, aralarında büyük bir ayrılık vardır. Bu temasın anlamı, "Moriah Dağı" üzerinde Sefirot'un gökten inmesi ve yeryüzüne değmesidir.

Semion Vinokur

"Moriah Dağı" üzerindeki realiteye manevi realite ve onun altında var olan her şeye "maddesel dünya" denir. Moriah Dağı'nın doruğu manevi bir zirvedir, Kutsalların Kutsalının inşa edileceği bu dünyadaki muhtemel en yüksek noktadır. Bu dünyanın tüm maddeselliğinin üzerindedir ve orada en büyük manevi güçler bir araya gelir. Özellikle maddesel ve manevi boyutun arasında "koordinatör" olan insanın yaratıldığı yerdir.

Maddesel ve manevi her iki dünya Âdem'in içindedir ve onları bütün olarak kullanarak aralarında denge kurabilir. Bu şekilde, tüm realite manevi seviyeye yükseltilir.

"Sonra Tanrı insanı toprağın tozundan oluşturdu ve burnuna yaşam nefesini üfledi ve insan canlandı." Daima içimizde olanlardan bahsettiğimizi unutmayın. Bu "insanın", "doğuşudur." Cansız, bitkisel ve hayvansal arzu aşamalarından geçmektesiniz ve artık daha fazla onlara ait olanlarla yetinmiyorsunuz. Şimdi başka bir seviyeyi istiyorsunuz -manevi seviyeyi!

Eğer kendinizi bunu düşünürken buluyorsanız, bu demektir ki, kalpteki noktanız içinizde uyandı ve sizi Yaradan'a doğru çekiyor. Eğer bu bedenlenmenizin boşa gitmesini istemiyorsanız, bu noktayı izleyin ve iç sesinizi dinleyin. Şimdi Üst Işıkla "aynı yoldasınız." Bu dünyaya sadece yaşamak ve ölmek için gelmediniz. Aslında ölmek durumunda da değilsiniz.

Maddesel egonun içinde varsınız: "Sonra Tanrı insanı toprağın tozundan şekillendirdi. İçinizdeki "insanın" hakiki ve saf aşamayı hissetmesini sağladı...(manevi dünyada ego ölümü, ihsan etme yaşamı temsil eder) "...ve burnuna yaşam nefesini üfledi."

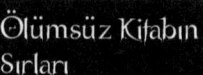

Semion Vinokur

Sizi Yaradan'a götürecek kalpteki noktanızla tanımlanmaya başladınız. Bu aşamada olmaktan memnunsunuz ve manevi hisler edinmeyi arzuluyorsunuz. "...ve insan canlandı" cümlesinin anlamı budur. İçinizdeki insan doğmuş oldu. Eğer bu "insanı" izlerseniz, emin olun O sizi "süt ve bal akan topraklara" götürür ve orada Yaradan'ı görürsünüz. "Yaradan'ı görmek" ne demek? O'nun pek çok adı var fakat bizimle ilgili olana Bore denir. İki kelimeden oluşur: Bo (gelmek) ve Re'eh (görmek). Diğer bir deyişle Yaradan'ı siz görürsünüz; bunu başkası sizin için yapamaz.

Semion Vinokur

CENNET BAHÇESİ

"Ve Tanrı doğuda Cennette bir bahçe ekti ve oraya Şekil verdiği insanı yerleştirdi."

Bu "bahçe" nedir? Eğer doğru kullanılırsa insana manevi dünyaya ulaşma fırsatı sağlayan nitelikler. Bu "bahçe" (insan nitelikleri) bizi Amaca götürme maksadıyla "ekilmiştir". Bahçe içimize, Yaradan tarafından "ekilmiştir" bu nedenle hiçbir niteliğimizi kendimize atfedemeyiz.

Etrafınızdaki insanların ve tüm evrenin, sizin bilincinize yansıtılmış nitelikleriniz olduğunu düşünmeye çalışın. Bize her şey dışarda varmış gibi gelir. Aslında, kendimizi ıslah ettikçe, tüm bunların kendi niteliklerimiz olduğunu algılamaya başlarız. İnsanlar, hayvanlar, bitkiler, gezegenler, tüm dünya ve tüm evren -her şey- içimizdedir.

Bunu edindiğimiz an, Yaradan'la bire bir kalır ve Yaradan'dan başka hiçbir şeyin var olmadığını anlarız. (Eğer kafa karıştırıcı gibi görünüyorsa merak etmeyin. Kendiniz için Ölümsüz Kitabın gerçek anlamını netleştirmeye devam ettikçe, onlar bu hissi geliştirmenize izin verecektir.)

"Tanrı topraktan görünüşü güzel, meyve veren ağaçları yarattı; hayat ağacı ve iyilik ve kötülüğün bilgi ağacı bahçenin ortasındaydı."

Gördüğünüz gibi, egoyu ne kadar lanetlesek ya da ayıplasak da, o hâlâ bizim doğamızdır. Arzumuz egoisttir. Midraş egoyu anlatır, şöyle yazdığı gibi: "Tanrı yeryüzünde her çeşit ağacı yarattı. (Kitabın demek istediklerini anlamayı öğreniyoruz ve ben tüm dünyasal kelimelerin ve deyimlerin içsel anlamını görmenizi sağlayacak terminolojinin aklımızda kalması için kasıtlı olarak bunları tekrarlıyorum.)

Ölümsüz Kitabın Sırları

Semion Vinokur

O halde "bahçenin ortasında hayat ağacı ve iyilik ve kötülüğün bilgi ağacı" ne demek? "Hayat ağacı" ruhumuzun üst kısmı, sizi kendine çeken ihsan etme niteliğidir. Bu, Yaradan'a en yakın niteliktir ve bu sebeple şöyle yazılmıştır, "bahçenin ortasında" yani tüm niteliklerinizin merkezinde. "İyilik ve kötülüğün bilgi ağacı" ruhunuzun aşağı bölümüdür, alma niteliği, egoist unsurunuz.

Burada iyi ve kötü meselesi sahneye çıkar. Egonuzu nasıl kullandığınızla ilgilidir ve buna "niyet" denir. Kendinize mi yoksa başkalarına mı haz vermeyi amaçlıyorsunuz? Yıkmayı ya da yaratmayı mı? Sonrasında neler olduğuna bakalım.

"Cennetten çıkan nehir, bahçeyi sulayacak." Cennette akan bu nehir nedir? "Nehir", kendiniz için hiçbir şey istemeden var olmanın güvenini aşılayan içinizdeki ihsan etme niteliğini besleyen Üst Işıktır. Kendiniz için bir şey istemeyeceğinizi söyleyebilir miydiniz? Eğer her şeye sahip olma fırsatına sahip olsaydınız, yapabilirdiniz. Bunu size yaptıran, her şeyi sulayan nehir (Üst Işık) tarafından sağlanan güven ve huzur hissidir. Onunla beslenmek, her şeyin meyve vermesini mümkün kılar.

"Ve Tanrı insanı aldı ve Cennet Bahçesine onu örtmek ve korumak için getirdi. Tanrı insana emretti: 'Bahçenin her bir ağacından özgürce yiyebilirsin; fakat iyi ve kötülüğün bilgi ağacından yeme; ondan yediğin gün kesinlikle ölürsün.'"

Siz hâlihazırda yüce bir aşamadasınız, çünkü sonunda içinizdeki "insanı" edindiniz. O Âdem'dir (daha önce söylediğimiz gibi İbranicede Âdem Yaradan'a benzemek demek olan Domeh (benzer) kelimesinden gelir). Bu aşamada tüm arzularınız manevi dünyayı edinmenizden dolayı coşku içindedir. Bu Işıkta kendinizi iyi hisseder ve sadece bu şekilde yaşamayı ve nefes almayı dilersiniz. "Ve

Tanrı insanı aldı, Cennet bahçesine onu örtmek ve korumak için bıraktı" cümlesinin anlamı budur.

Bu noktada, içinizde gizlenen egoyu, egoistlerle çevrili olduğunuzu, para, ün, güç ve bilgiye sahip olma arzularınızı unutmuş görünürsünüz. Sanki Yaradan'a "bunların hiç birine ihtiyacım yok; yalnızca Senin Işığının içinde olmaktan mutluyum" der gibisinizdir.

Aniden bir uyarı işitirsiniz, "Bahçenin her bir ağacından özgürce yiyebilirsin; fakat iyilik ve kötülüğün ağacından değil; ondan yiyemezsin; yediğin gün kesinlikle ölürsün."

Bu "bahçede" ihsan etme niteliklerinizle varsınız. Onlar asla size zarar vermez çünkü başkalarına ihsan etmeyi amaçlar. Dolayısıyla, "Bahçenin her bir ağacından özgürce yiyebilirsin."

Ancak, eğer egoist niteliklerinizi kullanırsanız, "...fakat iyilik ve kötülük ağacından yeme," Işık aniden kaybolur ve kendinizi Yaradan'dan, evrensel Hayat Yasasından ayrılmış olarak bulursunuz. Bu sebeple bu aşamaya ölüm denir: "...yediğin gün kesinlikle ölürsün." Yaradan'a bağlanmak yaşam, ayrılmak ölümdür.

Bu, aşağıda açıklandığı gibi anlaşılmalıdır: İçinizde "insan" doğduğunda, egonuzu sonuna kadar uyandırmamalısınız. Çünkü halen daha ıslah etmemiş olduğunuzdan, onu kullanmamalısınız. Yani, "içinizdeki insan" bilgi ağacından zarar görmemek için ondan yememelidir. Meyveler büyük, olgun ve tatlı görünse de onlar zehirlidir.

Bu nedenle içinizdeki "Âdem" ya da "insan" arzusu mutlulukla yaşar. Ego henüz hiçbir şekilde açığa çıkmamıştır.

O, Cennet Bahçesinde, tüm hazların ortasında Yaradan'a yakın olarak huzurla eğlenmektedir.

Ölümsüz Kitabın Sırları

Semion Vinokur

Fakat bu sadece şimdi için geçerlidir. Kabala'da egoist arzuların henüz uyanmadığı aşamaya Katnut (bebeklik) denir. Bu aşama bilinçli olarak egoist arzuları reddedip, çok zayıf olduğunuzu bildiğiniz ve kendiniz için almaktan sakındığınız bir aşamadır. Katnut aşaması egoist arzular üzerine "perde" koymak olarak tanımlanabilir.

Sanki kendinize şunu söyler gibisinizdir: "Hayır, almayacağım! Daha fazla direnemeyebilir, kendim için alıp, egoizme düşebilirim. Oysa tıpkı Senin gibi ihsan etmeyi öğrenmek istiyorum. Öyleyse ne yapabilirim? Sadece tek seçeneğim var: Hiçbir şey almayacağım. Kendim için almak istemiyorum. Hiçbir şey! Ve her şeyin üzerine bir perde örtüyorum."

Tekrarlayacak olursak, perde, egoya karşı direncin gücünü temsil eder. Elbette bu, direnmeye devam ettiğimiz ve direnemeyeceğimiz bir haz gelene kadar devam eder. Sonra direncimiz kırılır ve alırız -bir kez daha egoya düştüğümüzden, perde yırtılır.

Bizim vaktimiz henüz gelmedi. Ama gelmeye hazırlanıyor...

Semion Vinokur

ÂDEM'İN EŞİ

"Tanrı buyurdu: 'İnsanın yalnız olması iyi değil; onun karşıtı bir yardımcı yaratacağım.'"

Aslında, Tanrı'nın suretinde ve benzerliğinde yaratılan insan için, sadece Yaradan'ın gücüne sahip olup kendine ait bir şeyinin olmaması (yani egoist davranış) iyi değildir. "İnsanın yalnız olması iyi değil." Yani, Işığa boğulması ve özgür seçiminin olmaması doğru değil. Azar azar, doğası uyanmalı ve egosu kontrol edilemeyecek ölçüde büyümelidir. Böylece, egosu onun "arkasında" durur. Şöyle söylemek gerekirse, ego uyandırılmalı fakat insanın kontrolü altında olmalıdır.

"İçimizdeki kadın" bu kontrol edilen egonun cisimleşmesidir.

"Tanrı Âdem'in derin bir uykuya dalmasına sebep oldu ve o uyudu; ve onun kaburgasından birini aldı ve orayı etle kapattı. Âdem'den aldığı kaburgadan, bir kadın yarattı ve onu Âdem'in yanına koydu. Âdem şöyle dedi, 'Bu benim kemiklerimin kemiği ve etimin eti; ona Kadın denilecek çünkü o Erkekten alındı.'"

"Uyumak" manevi bir aşamadır, tıpkı insan öldüğünde tüm Işıkların onu terk etmesi gibi. Bu kontrol edilmeyen aşamada, onun içinde daha önce kullanmak istemediği bir güç uyanır. İnsan egosunu aktive etmek istemez.

Bu neden olur? O, Yaradan'ın Cennet Bahçesindedir ve tamamen Işığın otoritesi altındadır. İnsan bir çeşit uyuşukluk aşamasındadır ve Yaradan onu Işığın kölesi olması yerine Kendine eşit kılmak istediğinden, onu kesinlikle özgür kılmak ister. Âdem, er ya da geç egosunu aktive etmeli ve ıslah etmelidir.

Ölümsüz Kitabın Sırları

Semion Vinokur

Işık "onu terk ettiğinde", içindeki "Âdem" uyuya kaldığında, bir "operasyon" başlar: "Kaburgalarından birini aldı ve orayı tekrar etle kapattı. Ve Âdem'den aldığı kaburgadan, bir kadın yarattı ve onu yanına getirdi."

Doğal olarak, bu Âdem'in fiziksel bedenini anlatmamaktadır. Dilerim, bu kelimelerin gerçek manevi anlamını idrak etmek için, maddi anlamlarının ötesine bakıyor olmamıza alışmışsınızdır. Daima arzulardan bahsediyoruz, başka bir şeyden değil!

Kaburga, içimizdeki özgecil arzunun egoist arzuya bağlandığı, göğsün içindeki bir "yerdir."

Her bir arzunun içinde zayıf fakat kesinlikle önemli bir "alan" vardır. "Yeni bir hayata" başlamaya ve ihsan etmeye karar vermiş olsanız bile, kendisi için almak isteği uyandığında, bu alan şüphenin ve mücadelenin alanı haline gelir. Bu içimizdeki "içsel kadının" formudur ve hepimizin içinde mevcuttur.

Bu ihsan etme arzusu ve alma arzusu arasındaki ortak niteliktir.

Şunu sorabilirsiniz: "Aralarında ortak ne olabilir ki?" İçinizdeki erkek arzu, başkalarına ve Yaradan'a ihsan ederek manevi haz almak için çabalar. "Kendim için sadece gerekli şeyleri alacağım ve diğer her şeyi memnuniyetle Yaradan'a ihsan edeceğim," diyeceği anı bekler.

İçinizdeki dişi arzu da manevi haz almaya çabalar fakat bunun varoluşun en büyük hazzı olduğunu anlayarak sadece kendisi için almak ister.

Bu ortak noktaya "haz almak" denir ve aralarındaki tek fark bu eylem vasıtasıyla kimi hazla doldurduğunuzdur: Kendinizi ya da başkalarını.

Semion Vinokur

Ölümsüz Kitabın Sırları

Eğer kendiniz için manevi haz alma arzusu (dişi arzu), erkek arzuyla (ihsan etme arzusu) kontrol edilmezse, bu insanın ölümü olur (manevi hissiyatta).

Gördüğünüz ve hissettiğiniz her şeyin hayal ürünü olduğunu anlamaya çalışın. Aslında, yanınızda sadece Yaradan var. "Yaradan için" ve "kişinin kendisi için" kesinlikle aynı şeydir. Islahın son aşamasına ulaşana kadar, başkalarının var olduğu illüzyonu devam edecek. Fakat daha sonra "başkalarının" olmadığını göreceksiniz; sadece "ben ve Yaradan" var.

Fakat ihsan etme arzusu (erkek arzu) boyun eğer ya da alma arzusunu (dişi arzu) izlerse, bu aynı zamanda erkeğin ölümünü de belirtir.

Ruhunuz kapasite açısından sınırsız olduğundan, ilerlemeniz sonsuz olur ve ruhunuz vasıtasıyla başkalarına bağlanırsınız. Ruh diğer ruhlarla iletişim kurar. Kişi tüm insanlığı kendine bağlayabilir - onların yerine hissedebilir, düşünebilir ve anlayabilir. İhtiyacınız olan şey sadece kendinizden "çıkmak" ve onlara "dahil olmaktır."

"Komşunu kendin gibi sev" kavramı Kutsal Kitabın özüdür. Gerçek egoizm nedir? Kendinizi egoistçe sevip, dünyaya aldırmadan her şeyi sadece kendiniz için almanızdır. Eğer kendinizden çıkarsanız ve tüm mülkiyetinizi bırakırsanız, diğer insanları hissetmeye ve ölümsüz olmaya başlarsınız. Dolayısıyla, manevi ilerlememizde bir sınır yoktur; sadece bu size öğretilmemiştir. Herkes bunu kendisi başarırsa, Yaradan'la eşit olur. Dahası, bunu yapmak herkesin sorumluluğu ve görevidir.

Arzumuzdaki erkek ve dişinin başlangıcına daha sonra tekrar döneceğiz ve gerekli yerleri açıklığa kavuşturacağız.

Ölümsüz Kitabın
Sırları

Semion Vinokur

Şimdilik onların gerçek anlamda birleşmesinin Işığa teslim olmaya dayandığını anlayalım.

Özetlersek, Âdem'in içindeki daha önce hiç hissetmediği egoist niteliğin açığa çıkması, "Havva" denilen ek, dışsal bir formun, "kadının" doğumudur. Âdem ve Havva aynı bedendir, aralarında özgürce var olmayı hak eden bir birliktelik yaratırlar. Birbirlerine (alma arzusu ve ihsan etme arzusu) yabancılaşmadan önce, birbirlerini tamamlarlar.

"Dolayısıyla babasından ve annesinden ayrılan insan karısına tutunur ve onlar bir beden olur." Bu ana kadar tüm arzularımız tek bir ihtiyaca dayandı: Cennet Bahçesinde kalmak, daima Yaradan'ın Işığında kalmak. Yükselme zamanlarında her şey bize boş ve değersiz gelip, sadece manevi hazları düşündüğümüzde, hissettiğimiz şey budur. Bu demektir ki, "babamıza ve annemize" bağlı bir şekilde "Cennet Bahçesindeyiz."

Egodan "ayrıldığımızı" düşünerek, "günahkâr yeryüzünden" gözlerimizi ayırır ve sadece yukarıyı özlemleriz. Fakat yeryüzünden kaçılmaz. Doğamız egoisttir ve ıslah edilmelidir. Yeryüzüne bağlanma (alma arzusu), "erkeğin" tutunduğu "kadının", onunla bir beden haline gelmesi, henüz ifşa etmediği egoist arzuları kendine çekmesidir. Ne erkek ne de kadın henüz kendilerini keşfetmemişlerdir: "Her ikisi de çıplaktı, erkek ve eşi, onlar utanmıyorlardı."

"Çıplak" terimi "giysilerin" yokluğunu ima eder -tıpkı bir giysi gibi erkeği örten egoist arzular, onun hakiki, öncelikli manevi dünya özlemini gizler.

Bu "giysileri" giyinerek insan -yepyeni egoist arzular-manevi hisler içinde olmasına rağmen kendini Yaradan'dan uzaklaştırır. Sonra da bu katları kaldırmaya başlar ve köke -bizi yaratan Yaradan- özlem duyar. Bu tam tamına şimdilerde yaptığımız şeydir.

Eğer sadece tek bir şeyi ama yalnızca tek bir şeyi düşünüyorsanız -kendimi Yaradan'la nasıl eşitleyebilirim- Işığın yoğun etkisini uyandırıyorsunuz demektir. Yüksek manevi derecelerdeki Kabalistlerin yaptığı gibi kitapları okuyarak ve doğru düşünceler içinde olarak kendinizi "yıkıyorsunuz." Bu tıpkı size atılan bir ipi tutmak gibidir. Şimdi önemli olan burada tutunmaktır!

"Çıplak" demek, egoist niyetlerin olmaması demektir. Bu nedenle Kabalistler arzularından utanmazlar.

Benzer şekilde, hayvanlar eylemlerini gizleme gereksinimi duymaz; onlar egoist arzularla değil içgüdüyle hareket eder. Sadece insan baştan aşağı egoist olduğu için utanır ve niyetini "örtme" ihtiyacı duyar.

Fakat yolun başında birbirinden ayrılmış Âdem ve Havva (arzularımız) örtülü değil, çıplaktır. Utanacak bir şeyleri yoktur çünkü içgüdülerle harekete geçen "hayvansal" bir varoluşa doğru yol alırlar. İçgüdülerle yaşamak bu demektir.

Onlar çıplaktı ve utanmıyordu çünkü Âdem ve Havva'nın idrak edemediği asıl utanç, kişinin Yaradan'a olan zıtlığının keşfidir.

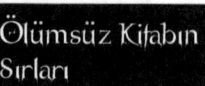

Semion Vinokur

VE YILAN GÖRÜNÜR

"Yılan Tanrı'nın yarattığı bu yerde, herhangi bir canlıdan daha kurnazdır. Yılan kadına şöyle dedi: 'Aslında Tanrı, bahçenin hiçbir ağacından yemeyin dedi.' Kadın şöyle dedi: 'Bahçenin ağaçlarının meyvelerinden yiyebiliriz; fakat bahçenin ortasındaki ağacın meyvesinden yiyemeyiz, Tanrı şöyle dedi: 'Oradan ne yiyebilirsiniz ne de dokunabilirsiniz yoksa ölürsünüz.' Yılan kadına cevap verdi: 'Emin ol ölmeyeceksin; Tanrı bilir ki oradan yediğin gün, gözlerin açılacak ve sen iyiliği ve kötülüğü bilerek Tanrı gibi olacaksın.'"

Burada tam olarak ne oldu? İnanıyorum ki artık düşüncelerinizi ve arzularınızı "yabancı gibi hissetmeye" ve hikâyeyi içsel vizyonunuzla okuyarak farklı olarak algılamaya başladınız.

Açıkçası, "yılan" sizin doğanız, egoist arzularınızdır. ("Yılan" egonun dördüncü ve son aşamasıdır.) İlerleyen sayfalarda, Lev HaEven (taştan kalp) denilen, egonun bu nihai aşamasının üstesinden gelebilmek için yeterli gücü elde edene kadar, neden onunla çalışamayacağımızı konuşacağız. Ona "taştan" denmesinin iyi bir sebebi var. Sadece Yaradan onun üstesinden gelebilir ve ıslahı tamamladığımızda olacak olan şey budur. Süreç Yaradan tarafından sonlandırılır.

Cennet Bahçesinde yılanın ne işi olduğunu sorabilirsiniz. Aslında eğer yılan kötü amaçlar için kullanılmazsa, Yaradan'ın yarattığı diğer her şey gibi o da aynı seviyede, aynı ilksel formda kalır. Eğer alma niyetiyle arzularını kullanmazsa, egoizm açığa çıkmaz ve olduğu yerde kalır.

Şunu sormaya hakkınız var, "Yılanın (ego) kendisini ifşa etme sebebi nedir? İnsanı günaha sürüklemeden neden sadece Cennet Bahçesinde yaşamıyor?"

Cevap şudur; amacı insan olmak olan kişi, o zaman melek seviyesinde kalır. Bu sebeple yılan (ego) kendini ifşa eder. Özellikle insanın Cennet Bahçesi seviyesinden Yaradan'ın seviyesine çıkması gerekliliği nedeniyle açığa çıkar.

Peki, neden yılan Havva'ya gitti? Havva, Âdem'de (ihsan etme) var olan gizli egodur. Havva, Âdem'i gerçek egoya (ego sadece egoya bağlandığından) bağlayan köprüdür. Bu bağı çalıştırma zamanı geldiğinde, yılan Havva'nın önünde belirir: "Kadına şöyle der: 'Aslında Tanrı şöyle dedi, 'bahçenin hiçbir ağacından yemeyeceksin.'"

Havva Âdem'in egoist kısmı olduğundan, yılana direnir çünkü Âdem'le beraber Cennet Bahçesinde kalabilmek için onun melek olarak kalmasını ister.

"Kadın yılana şöyle der: 'Bahçenin ağaçlarının meyvesinden yiyebiliriz; fakat bahçenin ortasındaki ağacın meyvesinden yiyemeyiz, Tanrı şöyle dedi: 'Ondan ne yiyebilirsin ne de dokunabilirsin, yoksa ölürsün.'"

Ancak, Yaradan'ın planına göre, Âdem, gerçek insan olmak ve Katnut (bebeklik) seviyesinden Gadlut (yetişkin) seviyesine gelmek zorundadır. O ancak egosunu sonuna kadar ifşa ettikten sonra bunu başkaları ve Yaradan yararına kullandığında başarabilir. Bu sebeple ego ısrar eder: "Ve yılan kadına şöyle dedi: 'Emin ol ölmeyeceksin; Tanrı biliyor ki, yediğin gün, gözlerin açılacak, iyiliği ve kötülüğü bilerek, Tanrı'yı göreceksin.'"

Diğer bir deyişle, "yılanımız", bunun Yaradan'a ihsan etmeyi başarmanın tek yolu olduğunda ısrar eder. Egoizme bağlanma ve Yaratılış amacını gerçekleştirme her ikisi

Ölümsüz Kitabın Sırları

Semion Vinokur

birden, Yaradan'a giden yol için gereklidir. (Yılan, yalan söylemiyordu. Eninde sonunda gerçekleşecek nihai amaçtan bahsediyordu. Onun niyeti iyiydi.)

Havva, erkeğin kendi egosuyla başa çıkabileceğini düşünür. Erkek, kendinden emindir ve manevi yoldan ayrılacağından bir an bile şüphe duymaz.

Başlangıçta hissedilen şey budur. Manevi gerçekleri keşfettiğiniz anı hatırlayın. O an, bu noktadan sonra sadece manevi dünyayı arzuladığınızdan ve bir daha dünyasal arzulara geri dönmeyeceğinizden kesinlikle emindiniz. "Egonuza" manevi yolun bütün avantajlarını "açıklayacağınızı" düşünmüştünüz.

Sonra birden kendinizi, birçok sorunla uğraşırken buldunuz, örneğin çok para kazanma fırsatı sağlayan ya da günde on iki saat çalışmanızı gerektiren bir kariyer. Bu maddesel faydalar size para, saygı, ün gibi anlık fakat somut sonuçlar getirir ve siz daha dün Yaradan'ın Kendini ifşa edip, size "Cennet Bahçesini" vadettiğini tamamen unutmuş görünürsünüz. Hepsini unutup dünyasal arzulara dalarsınız. Fakat maneviyatın mutlu hissinin hatırası içinizde iz bırakır ve bu her şeyden daha önemlidir.

Tora'nın bir önceki bölümde bahsettiği şey budur. Havva'nın (Âdem'e bağlanmamış egoist arzu) yılanın (başlangıçtan beri var olan, dünyasal egoizm) sözlerine uymasıdır: "Kadın ağacın meyvelerle dolu olduğunu, bundan haz alacağını ve ağacın insanı akıllı yapacağını anlayınca..."

Diğer bir deyişle, bu eylemin sizi amaca getireceğini düşünürsünüz çünkü yılanın iddia ettiği gibi, bu "yemek için iyidir."

Bu an, maneviyatı edinme arzunuzun içine (Âdem) en güçlü egoist arzuların girdiği andır. Bu durum manevi arzunuzun, "içinizdeki Âdem'in kırılmasına" neden olur ve buna "Âdem'in düşüşü denir."

"...meyvesini kopardı ve yedi; ve kocasına ondan verdi ve o da yedi." Galip geleceğinizden, bunu manevi olarak ilerlemek için yaptığınızdan eminsinizdir. Bu sizin niyetinizdi. İçinizdeki "Âdem", meyveden "yedi", yani o daha önce kullanmadığı egoizmi kendine bağladı. Doğal olarak, bunu başaramadı; hazzı kendisi için kullanmaya başladı. "Her ikisinin de gözleri açıldı ve çıplak olduklarını gördüler."

Aslında Sevginin Işığını, onları daima saran Yaradan'ın ışığını keşfettiler. "Ve ikisinin de gözleri açıldı," fakat sonra birbirlerini bu Işığın içinde görüp, Yaradan'a tamamen zıt olduklarını anladılar. Işığın (Yaradan) saf ve mutlak ihsan olduğunu ve kendilerinin egoist olduğunu gördüler ("ve çıplak olduklarını gördüler").

Egoist olduklarını, O'nun gibi olmadıklarını, bozukluklarını anladılar ve bir taraftan Yaradan'a eşit olmadıklarını, diğer taraftan bireyselliklerinin benzersizliğini ve ıslahı başarma yeteneklerini keşfettiler. Bunun insanın "ben-inin" ilk ifşası olduğunu söyleyebiliriz. Bu ana kadar Işığın içinde ve kendini tamamen Yaradan'a adamış bir haldeyken, birden "gözleri açıldı": İşte "ben", işte "egom". Keşke bu büyük keşfin gelecekte her bireye ve tüm insanlığa getireceği düşüşleri ve çıkışları bilebilselerdi!

Ölümsüz Kitabın
Sırları

Semion Vinokur

SÜRGÜN

Bunu izleyen süreç dünyamıza inen yoldan, sürgünden başka bir şey değildir. "Alnının teriyle ekmek yiyeceksin, ta ki toprağa dönene kadar çünkü sen oradan alındın; çünkü sen tozsun ve toza döneceksin."

Sürgünün sebebi neydi? Neden Yaradan dünyamıza inen ve kendini bedenle örten o yüce manevi arzuyu parçalara ayırdı ve bu "operasyonu" başlattı? Hepsi birden masalsı bahçeyi unuttu ve manevi dünyayı algılayamadı. Manevi Işığın etkisini hissetmeyip, kendilerini dünyasal arzularla meşgul ettiler ve savaş ve nefretle doldular. Peki, bu yüce, eşsiz Âdem ruhunu parçalamanın sebebi neydi?

Kırılma çok önemli bir şeyin olmasına olanak verdi: İhsan etme kıvılcımları egoizmin içine düştü ve insan "ihsanın özüyle" doyuruldu. Egoizmimizin içinde, Yaradan'la bağ kurmanın kelimelerle ifade edilemeyen muhteşem hazzının "kaydı" yaratıldı.

Daha sonra bu kayıt dönmeye başlar. Her şey Yaradan'ın düzenine göre geliştiğinden, bu kayıt egomuzun içinde açığa çıkacağı fırsatı bekleyerek sabit bir şekilde durur. Zamanı geldiğinde manevi deneyimin kıvılcımları, egoizmin krallığını aydınlatır ve karanlığın içindeki yol ortaya çıkar. Gözleri görmeyen bir kişiye yolda eşlik eden bir rehber gibi, bu kıvılcımlar da egoist arzulara, Işığa doğru eşlik eder.

Zaman geldi. İnsanlık, iyiye doğru gitmeyen sona geldiğinin farkında. Egoizmin zararlarını hissettik ve tüm ölümcül günahlar için onu suçladık: "Sen toz olduğun için, toza döneceksin." Bu tozdan savaş, depresyon, terör ve sonu gelmeyen acılardan başka bir şeyin büyümediğini anladık. Bu his Yaradan'ın bizi çağırdığının belirtisidir. O "parladı", Işığı üzerimizde ve onun içinde kendimizi olduğumuz gibi görüyoruz -kendimizden çıkmanın yolunu aramaya başlamamıza sebep olan ürkütücü tablo. Buna "dua" denir.

Bu, özellikle ilk insanın ruhunun kıvılcımlarının içimizde uyandığı andır. Hepimiz için bu böyledir. Çok yakında onu hissedecek ve tek bir ruhun, tek bir organizmanın parçaları olduğumuzu anlayarak, diğer ruhlarla birlik içinde yaşayacağımız "Eve" dönmeyi arzulayacağız.

"Böylece, Tanrı onu Cennet Bahçesinden çıkarıp, geldiği toprağa koydu. İnsanı oradan çıkardı ve yaşam ağacının yolunu kapatan alevli kılıçların olduğu, Cennetin doğusuna bıraktı."

Yaradan'ın planı buydu. Belli ki ruhu parçalama eylemi önceden planlanmıştı. Aksi halde, "karanlığın krallığı" içimizde sonsuza kadar hüküm sürer ve tozu yutan yılanlar gibi toprağın üstünde sürünerek, manevi dünyanın farkında olmadan yaşardık (Bu nedenle bizim ıslah olmamış egoizmimize "yılan" denir).

Yılan, bu arzunun (onun kolları ve bacakları yoktur; yere yapışıktır ve Yaradan tarafından lanetlenmiştir ve tüm bunlar insana sadece acı verir) üzerine çıkamaz.

"Bunu yaptığın için tüm hayvanlardan daha fazla sana lanet olsun; belinin üzerinde yürüyecek ve hayatın boyunca toz yiyeceksin." İşte biz egoizmi böyle algılıyoruz.

Elbette Yaradan tarafından gelen bir lanet söz konusu değil. O mutlak iyiliktir ve daima öyle kalacaktır. Sadece biz değişiriz. Bugün her zamankinden daha fazla, doğamızın Yaradan'a zıt olduğunu ve egoizmin bizi kötü sona yaklaştırdığını anlamaya başladık.

Aslında dünyada başka bir güç olmadığından -şeytan, iblis ve cadı yok- bizi bu egoist aşamaya Yaradan getirir,

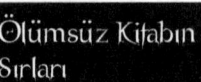

Semion Vinokur

sadece Yaradan var. Kendi irademizle O'nun seviyesine yükselmemiz için, O bizi bu duruma getiriyor.

Dahası, O'na giden yolda zorluklardan geçmek zorundayız: "Onları, Gabriel (hayat ağacını korumakla görevli melek) ile yaşam ağacından uzak kalmalarını sağlayacak her yöne dönen ateşli kılıçlar arasına, Cennetin doğusuna bıraktı." Bu zorluklar bizim yararımızadır çünkü onların üstesinden gelerek tek bir arzu oluştururuz -kendi rızamızla önceki aşamamıza dönmek ve sevgi ve birlik yasasıyla uyumlu yaşamak. Ancak bundan sonra kılıçlı melekler bahçeye girmemize izin verir ve bu dünyanın acılarına geri dönmek zorunda kalmayız. Yaradan'ın sonsuz hazzının sırlarını ediniriz.

Şimdi tüm resmi anlamak ve metni özümsemek için bir an durup, derin bir nefes alalım. Yolculuğumuz devam ediyor.

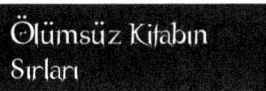

ÖZGÜR SEÇİM

Buraya kadar kişinin derece derece bu dünyayı ve Üst dünyayı hissedebileceğini ve onların arasındaki bağlantıyı görebileceğini anladık. Bilgi Üst Dünyalardan bizim dünyamıza iner ve ona madde olarak hükmeder. Etrafımızda fiziksel nesneler, bitkiler, hayvanlar, kuşlar, böcekler ve insanlar görüyoruz. Ancak dünyasal görümüze ilave olarak manevi görü edinirsek, maddeye hükmeden güçleri de hissedebiliriz.

Realitenin bu şekilde algılanması herkesin başarması gereken şeydir: Var olan her şeyin arkasındaki Yaradan'ı hissetmek. Körü körüne inanmak yerine bunu fiili olarak görmek ve hissetmek zorundayız. Kitabın bize öğrettiği şey budur.

Geleceğimizin kararlaştırıldığı Üst Dünyadan inen güçlere reaksiyonumuz, onların iyi ya da kötü olarak cisimleşmesine neden olur.

En yüksek manevi derecedeki Yaradan, yaratıklarını Kendine zıt olan egoizm niteliğiyle yarattı. Yarattıklarını Işıkla doldurdu, sonra Işığını geri çekerek onu "dünyamız" denilen aşamaya indirdi.

Buna karşılık yaratılan, bu dünyaya inmeden önceki hazlardan daha fazlasını amaçlar ve manevi derecelere tekrar yükselir.

Şöyle bir soru doğar: Yaradan'a eşit olmak için neden yaratılan en kötü aşamayı deneyimlemek zorundadır? Bundan kaçınılamaz mı?

İnsan, iki zıt nitelik arasında -kendi egosu ve Yaradan- özgürce hareket edebilmek için direnç ve iradeye sahip olmalı ve kendi yolunu özgürce seçip, onu izlemelidir.

Ölümsüz Kitabın Sırları

Semion Vinokur

İnsanı bu seçimi yapmaya getirmek için Yaradan, a) yaratılanı Kendinden tamamen uzaklaştırmalı, b) yaratılana ilerleme ve Üst Dünyaları edinme becerisi vermeli ve c) yaratılana özgür seçim hakkı tanımalıdır.

Yaradan, yaratılana bu seçenekleri aşamalı olarak sağlar. Yaradan'ı hisseden, dolayısıyla Işıkla dolan insan, otonom (özerk) değildir. Daha ziyade, kendi kurallarını dikte ettiren ve kendi niteliklerini uygulayan Işık tarafından kontrol edilir.

Tamamen otonom ve bağımsız bir varlık yaratmak için, Yaradan Kendini tamamen ondan uzaklaştırmalıdır. Diğer bir deyişle Işıktan ayrılan insan eylemlerinde özgür olur. Işığın ayrılmış olduğu eyleme Tzimtzum (kısıtlama) denir.

Kullanmak zorunda olduğunuz bozuk bir alete sahip olduğunuzu düşünün. Doğal olarak, yapacağınız ilk şey onu tamir etmek ve kullanmadan önce işe yarar hale getirmektir.

İlk sayfalardan itibaren, Kutsal Kitabın bahsettiği şey budur: İşe yaramaz bu aleti nasıl tamir edeceğimiz -ruhumuz- ve Yaradan'a nasıl döneceğimiz. Tıpkı bir kullanım kılavuzu gibi Kutsal Kitap, insanın bu dünyada yaşarken en yüce ve mükemmel aşamaya nasıl yükseleceğini anlatır.

Daha önce bahsettiğimiz gibi, ıslah sırasında insan iki dünya arasındadır -Üst ve alt dünya. Islah sürecinde, ruh gerekli beceriye, bilgiye ve tecrübeye ihtiyaç duyar. Daha önemlisi, kişi yeni hissiyatlar, yeni manevi nitelikler geliştirir. Böylece ruh tam ıslahını başararak, tüm Üst Dünyalarda, sonsuzlukta, sükûnette ve mükemmellikte var olmasına olanak veren nitelikleri edinir. Islahın sonuna bu şekilde geliriz.

Kelimelerle ifade edilemediğinden, bu aşamadan hiçbir yerde bahsedilmez. Sadece tüm bu yüksek aşamaları geçen

ve ıslahın sonuna ulaşanlar bu aşamayı tanımlayabilir. Islahın sonunun ötesinde ise "Tora'nın sırlarına" vakıf, bilinmez âlemler vardır.

Zohar Kitabı'nda ve diğer Kabala metinlerinde bu alanlarla ilgili münferit ipuçları verilmiştir. Ancak, bu manevi alanlar konuştuğumuz dil ıslah dünyasına ait olduğu için, harfler ve kavramlarla tarif edilemez.

Islahın sisteminin üzerinde var olanları hissedemeyiz. Dolayısıyla, onları bizim koordinatlarımıza, düşüncelerimize ve algımıza göre yapılanmış dilimizle açıklayamayız.

Bu sebeple modern çağın büyük Kabalisti Baal HaSulam, Yaradan'a kendisini gerçek algının dünyasından daha aşağı seviyeye indirmesi için yalvardı, böylelikle dünyasal harfler, kelimeler ve duyular kullanarak manevi boyutla iletişim kurmak istedi. Bu rica yerine getirilince, manevi âlemlere girebilmemiz için gerekli olan temel Kabala yazılarını kaleme aldı. Onun çalışmaları bir haritada gibidir, onlar olmasaydı maddesel yaşamın labirentinde yolumuzu, umudumuzu kaybeder, varoluşumuzun gerçek amacını öğrenemeden bu dünyadan ayrılırdık. Çocuklarının acısına koşan bir baba gibi Baal HaSulam, bizi ayağa kaldırıp Işığa taşır.

Ruh beden öldükten sonra manevi dünyayla ilgili önceden bilgi sahibi değilse manevi dünyada var olamaz. Dolayısıyla, Kabala ilminin tüm çalışması sadece bu dünyada rahat bir yaşamı garanti etmez, aynı zamanda gelecek dünyada da var olma fırsatını sağlar.

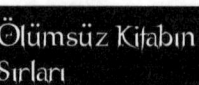

Semion Vinokur

TEKRAR ÂDEM

Yine İlk İnsana, içimizde hissettiğimiz arzu, Âdem'e geri dönelim. Yaradan onu Cennet Bahçesinden kovduğu zaman, "içimizdeki insan" (Âdem) çocukluğu bırakıp, olgunlaşmaya başladı.

Olgunlaşma süreci, onsuz olamayacağımız ya da onu baskılayamayacağımız için egoizmimizi ıslah etmemiz gerektiğini öğrendiğimiz bir dönemdir.

"Yılanın" öne sürdüğü gibi çabuk bir ıslah yoktur. Aksine insan, egosunu tam anlamıyla hissedene ve kendi başına onunla başa çıkamayacak kadar güçsüz olduğunu idrak edip, Yaradan'a yardım için yalvarana kadar, tüm yolu aşağıya doğru inmesi gereklidir.

"Âdem, Havva'yı karısı olarak bildi; o gebe kaldı ve Kabil'i doğurdu ve şöyle dedi: 'Tanrı'nın yardımıyla bir erkek sahibi oldum.' Sonra kardeşi Habil'i doğurdu. Habil koyunları güdüyordu, Kabil toprağı sürüyordu."

Bu, düşüşün başlangıcıdır. İnsanın başa çıkamayacağı büyük egoist arzunun nasıl parçalara ayrıldığını görürüz. (Kırılma ile egoist kabukların -bedenler- parçaları dünyaya inmiştir. Burada bir kez daha altını çizelim ki, özel insanlardan değil, egoist arzularla ilgili çalışmamızdan bahsediyoruz.)

"Ve Âdem Havva'yı karısı olarak bildi." Bu, egoist ve özgecil arzuların insanda birleştiği andır. Bunun sonucu iki arzunun "doğumudur": Kabil ve Habil.

İlk arzu Habil, ihsana, Yaradan'a doğru çekilir. Bu nedenle şöyle yazılmıştır, o toprağı değil, "koyunları sürüyordu." O üretken çayırlara giden yola önderlik ediyordu. Orada kime önderlik ediyordu? Gelecek hazların tadını bilen "koyun" dediğimiz, çobanı izlemeye hazır egoist arzulara. Bu sebeple bu arzulara "koyun" denir.

"Habil" denilen arzuya aynı zamanda "sağ çizgi" denir. Sağ çizgi, hiçbir egoizm belirtisi olmadan Yaradan'a yönelik özgecil arzudur. Bu arzu bize yukarıdan uzatılan bir el ya da Amaca doğru çıkmamız için indirilen bir merdiven gibidir.

"Kabil" denilen arzu, sol çizgidir. Bu tam zıt bir arzudur -kendi hazzı için Yaradan'la olan bağı kullanan egoist arzu ve eğilim.

Kabil ve Habil hikâyesinde, Yaradan'dan henüz tam olarak uzaklaşılmamıştır. Yani, Yaradan'ın tamamen gizli olduğu, her şeyin bir oyun olduğunu aklın reddettiği ve insanın sadece kendisi için yaşadığı dünyamızda böyle bir durum söz konusu değildir.

Burada farklı bir resim var. Yaradan'la şöyle bir diyalog içindeyiz: O, hissedilir, manevi dünya yakındır fakat arzular farklıdır.

Habil'in ihsan etme arzusu vardır ve Yaradan'a haz vermekten haz alır. Öyle görünüyor ki, Kabil de ihsan etme arzusu taşıyor fakat onun durumunda Yaradan'ın sevgisini kazanmak, O'nun dikkatini çekmek ve manevi dünyayı edinmek var. Tüm Işığı ve onun içindeki tüm hazları sadece kendisi için almak istiyor.

Kabil, "toprağı sürmek" olan sol çizgiyi temsil ediyor. Bu demektir ki, Kabil denilen arzumuz daima egoyla beraber. Eğer Kabil, egoya hükmedemezse, ego Kabil'e hükmeder. Aşağıdaki pasajda anlatılan budur: "Zaman içinde Kabil, toprağın meyvesini Tanrı'ya adak olarak getirdi. Ve Habil de sürüsünün ilk doğanını ve yağını getirdi. Tanrı Habil'e ve onun sunduklarına saygı duydu; fakat Kabil ve onun sunduklarına saygı duymadı. Kabil, çok kızdı ve yüzü asıldı.

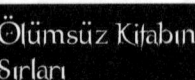

Ölümsüz Kitabın Sırları

Semion Vinokur

Tanrı Kabil'e şöyle dedi: 'Neden kızgınsın? Yüzün neden asıldı? Eğer iyi yapmış olsaydın, yüzün gülmez miydi? Ve eğer iyi yapmazsan, günah kapıda çömelir, sen arzuya hükmedebilirsin.'"

"...fakat ona hükmedebilirsin," bu Doğa'nın çağrısıdır. Onları baskılamak ya da saf dışı bırakmak yerine egoist arzularınla çalışmak zorundasın çünkü almama gibi bir seçeneğin yok. Yaratılışımız bu şekilde. Senden bunların üzerine çıkman, kullanman, hükmetmen isteniyor, böylelikle Yaradan'a haz vermekten haz alırsın.

İnsanın varması gereken aşama budur. Burada insanın yaratılış amacı yatar. Aksi halde egosu ona hükmeder ve bunun sonucunda tüm insanlık bugünkü gibi savaşlar, ölüm ve trajedilerle etkilenir.

Kabil'e de olan buydu.

"Kabil kardeşi Habil'le konuştu. Çayırlardayken Kabil kardeşine karşı geldi ve onu öldürdü."

Bunun anlamı nedir? Sol çizginin sağı baskılamasıdır. Diğer bir deyişle, egoist çizgi şunu ileri sürer: "Burada gerekli olan şey benim. Ekiyorum, biçiyorum, toprağı sürüyorum ve ödüllendirilmesi gereken benim."

Çok anlamlı değil mi? İşte saf ihsan ve Yaradan'la mutlak eşitlik olan sağ çizgiyi "öldüren" yaklaşım budur. Oysa ulaşmamız gereken aşama, ödül beklemeden Yaradan'a haz vermektir.

Peki, Yaradan'ın hükmü ne oldu?

"Toprağı sürdüğün zaman, yeryüzünün gücü geri çekilmez; yeryüzünde kaçak ve göçebe olursun."

Yeryüzü gücü, arzu, özellikle sağ ve sol çizginin birleşiminde ve ihsan etmek için alma hazzı olan "altın oranı" bulmada

açığa çıkar. Sonsuz mutluluk içinde kalmamızın tek yolu budur.

Eğer bu birleşme gerçekleşmezse, eğer "Habil öldürülürse," yeryüzünün gücü geri çekilmez, gösterdiğiniz tüm çaba egonuza, Kabil'e, sol çizgiye hizmet eder. Ego asla doymaz. Bu nedenle şöyle yazılmıştır, "yeryüzünde kaçak ve göçebe olacaksın," yani mutluluğu bulmak için boşuna çabalayacaksın.

"Sen beni toprağın yüzünden sürdün; Senin suretinden uzaklaştım; yeryüzünde kaçak ve göçebe oldum; beni kim bulursa, öldürecek."

Daha önce söylediğimiz gibi, egoyu öldürmek ya da baskılamak imkânsızdır. O, sonsuza kadar yaşar, nesilden nesile geçer ve tüm bu süre boyunca Yaradan'la temasını kaybeder.

Dolayısıyla, şöyle yazılmıştır: "Tanrı ona şöyle dedi: 'Öyleyse her kim Kabil'i öldürürse, intikam yedi kat fazlasıyla onun üzerinde olsun.' Tanrı onu bulmasınlar diye Kabil için bir işaret koydu."

Bu an, ruhunuzun, Yaradan'dan dünyamıza inen insanlık hikâyesinin başlangıcıdır. Süreç boyunca ruhun kendisi değişmez, fakat onu gizlemek için egoist giysilere bürünür, sesini kısar ve Yaradan'la bağını keser. Böylece Âdem'in tek, birleşik kalbinden sonsuz sayıdaki insanın, sonsuz noktasına dönüşür.

Yaradan daima ruhun "kalpteki nokta" dediğimiz kısmına bağlı kalır. Bu sebeple filtrelerden ve bariyerlerden geçen hafif ışımayı hissederek, sayısız defa O'nun sesini "duyarsınız." Bu an, Cennet Bahçesini özleyip manevi dünyaya, Yaradan'a dönmeyi istediğiniz andır.

Ölümsüz Kitabın
Sırları

Semion Vinokur

"Kabil karısını bildi; o, gebe kaldı ve Hanok'u doğurdu ve bir şehir inşa etti ve oğlu Hanok'un adını şehre verdi. Hanok'un üzerine İrad doğdu; İrad, Mehuyael'in babası oldu ve Mehuyael, Methuşael'in babası oldu ve Methuşael Lameh'in babası oldu."

Böyle devam etti... İnsanlık üremeye, sayısı artmaya başladı, ancak bildiğiniz gibi tüm bu "insanlar" sizin egoist arzularınız. Onları ıslah etmek sizin göreviniz, sonrasında bir kez daha Âdem'in tek ruhuna dönecek ve onunla tek bir bütün haline geleceksiniz.

Öyleyse neden büyük egoist arzu (yılan ve Kabil) sonsuz sayıda küçük egoist arzuya bölündü? Bölündü çünkü sonsuz sayıdaki küçük arzuyu ıslah etmek, büyük bir arzuyu ıslah etmekten daha kolaydır. Onları ıslah ederek büyük arzuyu tekrar bir araya getirir ve Cennet Bahçesindeki tek ruhu tamir ederiz.

Servetini başka bir krallıkta yaşayan oğluna göndermek isteyen kralla ilgili kadim bir hikâye vardır. Kral servetini gönderme konusunda kararsız kalmıştı: Halkının hırsız olduğunu biliyordu ve tüm krallığında güvenebileceği tek kişi bile yoktu.

Meseleyi biraz düşündükten sonra, bir yol buldu. Kral tüm servetini az değerli bozuk paralarla değiştirdi ve onları komşu krallıktaki oğluna götürmeleri için pek çok insana dağıttı. Doğal olarak, insanlar böyle küçük bir meblağı çalmaya kalkışmadı; krala saygı ve bağlılık göstermek çok daha önemliydi. Her biri görevi büyük bir onurla yerine getirdi ve tüm servet bu şekilde yerine ulaştı.

Bu hikâye, bütün bir bölüm boyunca anlattıklarımızdan doğru sonucu çıkarmanıza yardım edecektir.

NUH

Ölümsüz Kitabın Sırları

Semion Vinokur

"Nuh, neslinin en erdemlisiydi; Nuh Tanrıyla beraber yürüdü." Nuh bölümü bu cümleyle başlar ve dünyamızla ilgili bir hikâye gibi görünerek okuyucuyu şaşırtır.

Ancak, sadece Tora'yı farklı olarak okumaya hazır olmayan, Nuh adındaki kişiyle ilgili tarihi bir hikâye okuduğuna inananları şaşırtır.

Onları Ağrı Dağı'nda Nuh'un gemisini ararken bırakalım ve biz metni derinden inceleyelim. Yapabildiğimiz kadar onun manevi arayışımıza, ruhumuza ve yaşam amacımıza nasıl bağlı olduğunu anlamaya çalışalım.

Bu bölümün başlığına tekrar dönerek başlayalım. Yeryüzünün günahla dolu olduğunu gören Tanrı, Nuh'la bir gemi inşa etmesi ve yanına karısını, çocuklarını ve hayvanlarını alması için bir anlaşma yaptı. Sonrasında Tanrı yeryüzünü herkesi yok edecek şekilde suyla dolduracaktı.

Nuh, ailesi ve hayvanlarıyla beraber gemisine binecek ve gelecek nesillerin ve hayvanların atası olacaktı. İnsanlar Babil Kulesi'ni inşa etmek isteyecekler fakat başaramayacak ve dünyaya yayılıp birbirlerini anlamayı bırakacaklardı.

Kendinize şunu sorun, "Nuh hikâyesinde ben neredeyim?" Ya da daha iyisi, "Benim içsel Nuh'umun anlamı ne?" Bu kitabın içeriğinden tek bir anlam çıkarmalısınız: "Burada okuduğum her şey benimle ilgili." Erdemli Nuh, karısı, çocukları ve tüm hayvanlar, gemi ve Babil Kulesi hepsi benim içimde. Onlar, benim içsel ve dışsal dünyalarıma hükmeden arzular, güçler. Tek yapmam gereken onları almak ve hissetmek, işte o zaman tüm sırlar bana açılır.

Bir önceki bölümde, Başlangıçta, dünyanın yaratılışını, ruhların yapısını anlattık. Tüm hayvansal arzuların doğuşunu ve insanın manevi dünyaya özlemini açıklığa kavuşturduk.

Düşüş halen daha devam ediyor. Bu düşüş biz ilksel egolarımızla yüz yüze kalmaya hazır oluncaya, gerçek "ben-imizi" görünceye kadar devam edecek. Bu noktaya henüz varmadık; sadece egoyu görmeye değil, ona katlanmaya ve katlanmanın da ötesinde ondan kaçmaya hazırlıklı olmalıyız.

Bir adım daha atıp, "ben-imizin" Firavunla kişiselleştirildiğini bilin. Bununla ilgili daha sonra tekrar konuşacağız. Şimdilerde egolarımızın kölesi olduğumuzun idrakine, Firavuna doğru ilerliyoruz. Düşüş henüz başladı. Şu an için sanki manevi dünyaya yaklaşıyormuşuz gibi hissediyoruz. Işığı hissetmeye devam ediyoruz. Diğer bir deyişle Yaradan henüz bizden tamamen gizli değil, bu yüzden Mısır'dan kaçış gecemiz henüz daha başlamadı.

Ancak, kendimizi egoist olarak hissediyoruz ve bu his oldukça rahatsız edici.

Ölümsüz Kitabın Sırları

Semion Vinokur

NUH'UN KIVILCIMI

"Ve Tanrı yeryüzünün bozuk olduğunu gördü; yeryüzündeki tüm canlılar yollarını şaşırmıştı." Bu tüm arzularımızın egoist olduğu anlamındadır.

Ancak, biz tüm bu bozukluğun ortasında yeryüzündeki her şeyden tamamen zıt, küçük bir noktayı algılıyoruz. Bu, "kalpteki noktadır."

İlk egoist seviyede, bu noktaya "Nuh" denir. İçimizdeki Nuh bizim ilk manevi arzumuzdur. Küçük ve fark edilir olmayabilir fakat onun içimizde olduğunu hissederiz. Nuh'u bu şekilde keşfederiz.

Nuh'un kıvılcımı hepimizin içindedir. Problem onun yumuşak sesini sürekli olarak bastıran bencillikle sarmalanmış olmamızdır. Ego büyüdükçe Nuh'u, kesintisiz arzularla baskılayarak daha fazla katla örter. Haz arayışı insanı Nuh'tan uzaklaştırır ve daha egoist hale getirir.

Fakat Nuh bir yere gitmez. İnsanın ruhunun temelini oluşturur. Aslında, o ölümsüzdür ve insanın ona geri döneceği anı bekler.

"Nuh" dediğimiz bu nokta arzularımızın tam ortasıdır ve direkt olarak Yaradan'a bağlıdır. O da ölümsüz olduğundan onu saran egoist arzular kısa ömürlü, geçici ve boştur. Sadece manevi dünyaya özlem ölümsüzdür ve bu bizim "Nuh" olarak bildiğimiz arzunun amacıdır.

Değerli okuyucu, daha önce hiç "hayat" dediğimiz bu fare yarışını durdurmayı, gözlerinizi kapamayı, kulaklarınızı tıkamayı ve içinizde yaşayan sessizliği hissetmeyi istediniz mi? Yabancı etkiler olmadan sadece iç sesinizi duymayı dilediniz mi? Kendi sesinizi duymayı ve sabahtan akşama kadar arzularını size dikte ettiren bu dünyadan görünüşte kaybolmayı hiç dilediniz mi? Televizyon, radyo ve gazeteler sizi reklamlarla boyuyor; bildiğiniz ya da tanımadığınız insanlar kendi düşüncelerini ve arzularını size kabul ettirmeye çalışıyor. Para! Güç! Şöhret! Bugün sağdan soldan duyduğunuz tek şey bu ve giderek onlar sizin düşünceniz olmaya başlıyor. Yaşamın günlük koşuşturması içine sıkışmış olarak, tüm bunları kendinizin ya da bir başkasının isteyip istemediğini artık bilmiyorsunuz.

İç sesiniz baskılandı, etrafınızda olanlarla susturuldu. Hayat yolunda giderken, dışsal arzularla dürtüldünüz. Çok sonra yanlış olduğunuzu, tüm bunların hiç birisini istemediğinizi, hepsinin size dikte ettirildiğini, başkaları tarafından zorlandığınızı anladınız.

Tüm bunları durdurup, maddesel dünyaya bağlı olmayan saf arzunuzu duyabilmek ne büyük bir mutluluktur. Bu arzu Eski Ahit'te "Nuh" olarak bilinen maneviyatı deneyimleme arzusudur. İster başkan olun, ister seri katil, o sizin içinizde yaşar. Dış hislerin ve düşüncelerin kabukları arasından yolunuzu bulduğunuzda, kesinlikle Nuh'a ulaşacak ve sesi duyacaksınız: "...bu nesilde sen Benim kadar erdemlisin."

İçinizdeki bu küçük özgecil kıvılcıma "Erdemli Nuh" denir ve onu duyarsanız bu dünyanın üzerine çıkma arzusu hissedip manevi yolunuzda sizi bekleyen huzuru, güveni ve ölümsüzlüğü edinirsiniz.

Ve eğer bunu başaramazsanız, her geçen dakika kulağınıza "Hadi, dünyanın zevklerine dal, kendin için yaşa, aptal olma" diye fısıldamaya devam eden bedensel arzuların kölesi olmaya devam edersiniz.

Ölümsüz Kitabın Sırları

Bu arzulara boyun eğdiğinizde ne olur? Beden yorulur, ölür ve çürümek için toprağa gömülür. Bedenin ölümü kaçınılmazdır. Ne acı değil mi? Tüm hayatınız boyunca beden için çalışırsınız ve sonunda o size ihanet eder.

Peki ya Nuh? O size ihanet etmez çünkü Nuh ölümsüz ruhun arzusudur. O sonsuzluğa bağlıdır ve eğer siz Nuh'a tutunursanız siz de onun gibi ölümsüz olursunuz. Bu kadar basittir. Tek yapmanız gereken onu istemektir. Nuh bölümünde bahsedilen şey budur.

"Ve yeryüzü şiddetle doldu... bozuldu; yeryüzü üzerinde tüm canlılar yolunu şaşırdı."

"Yeryüzü" kelimesinin Ratzon-arzu kelimesinden türediğini hatırlarsınız. Dolayısıyla, "Yeryüzü şiddetle dolmuştu" ve "Bozulmuştu" demenin anlamı arzularınızın bozukluğudur: Başkasının sahip olduklarının peşinden koşarak kendinizi yordunuz, egoistsiniz ve sadece kendiniz için yaşıyorsunuz. Bu davranış biçiminin içinizde ve etrafınızda (dünyada neler olduğuna bir bakın egomuzla onu paramparça ediyoruz) yıkıma neden olduğunu hissediyorsunuz.

Peki, tüm bunların bir cevabı yok mu? Elbette var. İçinizdeki "Nuh'u" bulun ve hayatınızı kurtarın, şöyle dendiği gibi: "Ve bak, onları yeryüzüyle beraber yerle bir edeceğim." Tanrısal Yasayı ve Yaradan'ın tavsiyesini izleyin: "Anlaşmamı senle yapacağım ve siz gemiye bineceksiniz, sen ve oğulların ve karın ve oğullarının eşleri. Her türden canlıdan dişi ve erkek bir çift gemiye alacaksın, onlar seninle olacak. Her türden kuş ve her türden büyükbaş."

Bu ne demek? Tüm dünya içinizde. Varoluşun en yüksek derecesindesiniz, tüm hayvansal, bitkisel ve cansız ruhu barındıran piramidin en tepesindesiniz. Onlar, kendini ve

tüm dünyayı Yaradan seviyesine yükseltme sorumluluğu taşıyan tek gerçek varlığa yani size "bağlı."

Dolayısıyla bu bölüm içinizdeki "Nuh" denilen arzunun, "her türden" ruhun (insan, cansız, bitkisel ve hatta ıslaha özlem duyan ıslah olmamış parçalarının) tüm ıslah olmuş parçalarını nasıl birleştirdiğini anlatır.

Gemi bir tür perde, etrafınızda yarattığınız koruyucu kalkandır ve dışsal karışıklıkları yani dünyanın egoist etkilerini reddetmenize yardım eder.

Size gelen her olumsuzluğu basitçe tersiniz. Bunu yapmak için keşiş olmanıza ya da ailenizi veya dünyayı terk etmenize kesinlikle gerek yok! İşe gidebilir, paranızı kazanabilirsiniz fakat sadece dışsal olarak. Bütün gayretinizle içsel olarak maddesel dünyaya dalmayı yadsıyabilirsiniz. Geminin, koruyucu kalkanın yardımıyla sorularınıza cevaplar ararsınız, "Ben kimim? Ne için yaşıyorum? Hayatımdaki en önemli şey ne?"

Cevabı henüz bulamadınız fakat aramaya devam edin, bu bile inanılmaz önemlidir. Cevabı bulmaya kendinizi hazırlıyorsunuz, kalpteki noktanız uyandığından ve bir dakika bile sizi rahat bırakmadığından, arayışınızın başarılı olacağından eminsiniz. Bu nokta Yaradan'la direkt teması sağlar ve içinizde büyüyerek Üst Işığı almaya hazır bir kap haline gelir. Bu, henüz O'nu hissetmeseniz de Yaradan'a kesinlikle ulaşacağınızı ve doğru yolda olduğunuzu söyleyen sestir.

Ölümsüz Kitabın
Sırları

Semion Vinokur

GEMİYE GİRMEK

Gemiye girmeniz, arzularınızdan "çıktığınız" ve sizi manevi olarak geliştirecek olanları seçtiğiniz an mümkün olur. Buna göre hangi arzuların "bırakılması" gerektiğini anlarsınız.

Bu nasıl yapılacak? Bunu öncelikle kitapların yardımıyla yapabiliriz. Bu kitaba ilave olarak, köklerini, Üst Dünyaları edinmiş olanların yazdığı buna benzer kitapları arayın. Bu kitaplar, sizi Amaca ulaştıracak en kısa yola rehberlik edecek yol haritalarıdır. Bu kitapların sayısı azdır. Bilginizi çoğaltmayı amaçlamazlar fakat içinizdeki maneviyat hissini geliştirirler. Büyük Kabalistler tarafından yazılmışlardır: İbrahim, Musa, RAŞBİ (Şimon Bar Yohai), ARİ ve Baal HaSulam. Bu isimlere daha sonra tekrar döneceğiz.

Doğru kitapları bulana kadar sakinleşmeyi reddediyorsanız bu demektir ki siz "bir gemi inşa ediyorsunuz." Kitaplara dalıyor, önce tek kelime bile anlamıyor fakat okumaya devam ediyorsunuz. Bu, "geminin duvarlarını kurmanızdır."

Sonra sizi yolda tutacak bir hoca, rehber sonra amaçla sizin aranızda duran engelleri beraber aşacağınız dostlar bulursunuz. Bu da "geminin çatısını kurmaktır."

Şimdi geminin içindesiniz. Diğer bir deyişle, maddesel dünyada fakat doğru şartlarda yaşıyorsunuz. Bu "sizin geminiz."

Semion Vinokur

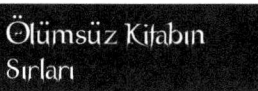

ZOR SORULAR

"Ve tüm canlıları yok etmek için yeryüzüne sular göndereceğim; yeryüzü üzerindeki her şey yok olacak. Fakat Ben anlaşmamı seninle yapacağım ve sen gemiye gireceksin."

Bir kez daha: "gemiye girmek." Garip görünüyor ama eğer zihninizi durdurabilirseniz gemiye biner ve selden kurtulabilirsiniz. "Zihni durdurmak" demek bedenin, egonuzun dikte ettirdiklerini göz ardı etmek demektir. Bu zor bir koşuldur fakat yapılabilir, birçokları bunu başardı. Keşfettikleri "Yaradan" dediğimiz gerçek, yüce sevginin gücüyle ilgili kitaplar yazdılar. Manevi hazzın en küçük parçasının bile, tüm dünyasal hazlardan milyon defa daha büyük olduğunu yazdılar.

Manevi hazzı edinmek, sadece egonun demir kalıplarından kaçıp, zihninize hükmettiğinizde mümkündür. Elbette zihniniz sizi şöyle sorularla bombardıman eder, "Bunu niçin yapıyorsun?", "Bundan ne elde edeceksin?" "Elde edeceğin menfaat nerede?" "Bu kadar yakından izlediğin bu bilgeler kim?"

Tüm bunları duyarsınız fakat zihninize cevabınız şu olur: "Endişelerini anlıyorum fakat onlara ve kitaplarda okuduklarıma inanıyorum. Gitmekte olduğum yola inancım var çünkü inanç olmadan manevi dünyada hiçbir şey başarılamaz."

Aynı şekilde bedeninizden yükselen her itiraza da cevap verirsiniz: "Bana olan her şey, beni kurtuluşa götüren Üst Gücün rahmetidir. Bu rahmet gizlidir, fakat egoma rağmen ben ona doğru gidiyorum. Bu yoldan ayrılmayacağım." Bu, sizi amaca götürecek tek cevaptır ve kesinlikle "gemiye binmek" denilen aşamadır.

Ölümsüz Kitabın Sırları

Semion Vinokur

Aklınızı karıştırdığımı biliyorum, zihniniz böyle bir baskı karşısında haykırıyor, "Dinleme! Sen bağımsız kararlar verebilen özgür bir insansın."

Size bir sır vereyim. Sizi bu sorularla kim besliyor biliyor musunuz? Buna, "arı olmayan güç", yani "şeytan" denir. Bu gücün sadece zihniniz üzerinde etkisi vardır. Zihninize rağmen eyleme geçerseniz, akabinde yorucu bir görevden sonra gelen rahatlamayı hissedersiniz çünkü "arı olan gücün" kuvveti demek, zihne rağmen bir şeyler yapabilmektir.

Şimdi söyleyeceğim şey, size tuhaf ya da şaşırtıcı gelebilir fakat bilmelisiniz ki, hem arı hem de arı olmayan güçler aynı kaynaktan gelir. Bu kaynak, sadece ve sadece bizi O'na layık varlıklara döndürme arzusu taşıyan, mutlak iyilik gücü Yaradan'dır. Kendi kaderimize kendimiz karar verebilmemiz için, kasti olarak aklımızı karıştıran O'dur. Tüm hayatımız dengede kalmak durumunda olduğundan attığımız her adım, aldığımız her kararda dikkatli olmak zorundayız.

"Ve sel yeryüzünde kırk gün kaldı; sular yükseldi ama gemi dayandı ve o suların üstüne çıktı. Ve sular yeryüzünde hüküm sürdü ve gemi suların üstünde kaldı... Ve tüm canlılar yok oldu... Sadece Nuh ve onunla beraber olanlar gemide kaldı."

"Sel yeryüzünde kırk gün kaldı" ne demek? "Yeryüzü" – arzunuz- "sel sularıyla boğuldu." "Sel suları" genel olarak "sizi kuşatan" sorulardır.

Daha önce bahsettiğimiz gibi, bu sorular basit değildir. Bunlar zihninizin soruları. Onlar materyalist, mantıklı sorulardır ve bedenin sorunlarıyla tetiklenmiştir. Bu soruların içinde ("sel suları"), "ölüm meleği" pusuda bekler. Onların neden ve niçini bizi boğmayı amaçlar.

Evet, manevi yükselişe doğru yolculuğunuza başladığınızda, beden "ölüm meleği" olur. Sorular hiç pes etmez, binlerce defa geri gelir: "Buna neden ihtiyacın var? Bunun amacı ne? Kendini düşün çünkü çabaların sana bir fayda sağlamıyor. Tüm bunların sonucunda ne elde edeceksin? Yaradan emirlerini yerine getirince, sana nasıl bir ödeme yapacak? Tüm bunlara değer mi?"

Bedeninin bu isyanı, "Ne" (İbranice Ma) sorusunda gizlidir.

Eğer bedene karşı gelip, Yaradan'ın iyiliğimiz için her şeye hükmettiği inancına dayanırsanız, beden daha fazla direnir. Şimdi de yüksek sesle bağırır, "Kim?" (İbranice Mi), "Sesine kulak vereceğim Yaradan kim?" Eğer Yaradan'ın yüceliğini hissedip, görebilseydiniz, O'nun için çalışırdınız. Dünyamızda saygı duyulan biri için çalışmanın ne kadar kârlı olacağını bir düşünün.

Bu iki soru "Ne?" ve "Kim?" (Ma ve Mi) içinizde bir araya geldiğinde, tek bir kelime oluşur -Maim, İbranice "su" demektir. Ve çok Maim (su) sel yaratır.

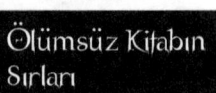

Ölümsüz Kitabın
Sırları

Semion Vinokur

SEL

Maim, bedenin sorularına önem verdiğinizde, maneviyat için verdiğiniz tüm çabayı yok ederek, manevi embriyonuzu boğan seldir. Onu dinlemeyin! Sel her şeyi yıkan acımasız bir güç olarak gelir. "Gemiye binemeyen" arzular bu sorulara dayanamaz ve suların içinde yok olup gider: "Ve tüm canlılar yok oldu ve yeryüzünden kayboldu." Yine de paradoks şudur ki tüm yıkıcılığına rağmen sel aynı zamanda insanı arındırır.

Ancak, sadece manevi dünyayı edinme arzusu olanları arındırır. Bu, amaca doğru ilerlerken insanın ne olursa olsun bedenin mantıklı gibi görünen arzularını duymamasıdır. Bu durumda kendine bir gemi inşa eden Nuh gibi hareket eder (doğru kitapları, hocayı ve çevreyi bulmak). Henüz ıslah olmamış sayısız bireysel arzusu (gemi "yol aldıkça" ıslah olacak arzular) için siper edinmiş olur.

"Sonra sel yeryüzünde kırk gün kaldı ve sular yükseldi ve gemiyi kaldırdı ve o suların üzerine yükseldi." Bedeninizin akılcı görünen sorularla, "Ma?" ve "Mi?", sizi topa tuttuğu kırk gün ne demek?

Maneviyatta kırk özel bir sayıdır. Doğal olarak burada günlerden bahsetmiyoruz. Kırk sayısı ihsan etme niteliğini, Yaradan'ın niteliğini temsil eder.

Zihnin saldırılarına kırk gün dayanmayı başarırsanız, "su gemiyi kaldırdı" ve "suyun yüzeyinde yüzdürdü" aşamasına ulaşırsınız. Bu demektir ki, dalet'in iki harfi kilitleniyor ve "mühürlü" Mem harfini oluşturuyor ve siz "batmıyorsunuz."

Sizi koruyan, besleyen ve sizinle ilgilenen annenin (Üst Güç) rahmindeki manevi embriyosunuz. Büyüdüğünüz süre boyunca onun tam koruması altında kalacaksınız. Üst

anneniz (İbranice İma) hiçbir şeyin sizi incitmesine izin vermez. Üst Dünyalara doğru ilerlerken suyun üzerinde dolaşırsınız.

"...ve sadece Nuh yanında olanlarla beraber gemide kaldı." Bu şekilde yıkıcı güç "su", Rahmet Işığına dönüşerek, sizi arındır ve ilerlemenizi sağlar. Ego sebebiyle içine battığınız ve bedenin sorularına karşı duramayan sel sularının üzerine yükselirsiniz.

Şimdi son bir kez daha, sel zamanlarında suyla nasıl arınacağınızı ve nasıl bir "manevi embriyo" olacağınızı tekrarlayalım. Bunu başarmak için gerekli kitapları edinip, kendinizi onlarla "yıkamaya" başlayın. Doğru çalışmayla Rahmet Işığında kendinizi arındırın. Bu kitapları okuyarak bir mıknatıs gibi Işığı kendinize çekersiniz, Işığa ve ihsan etme niteliğine açık olduğunuzda o sizi doldurur.

Tüm arzularınızın ortasında, Nuh denilen tek arzuyu uyandırmanıza yardım eden kesinlikle bu Işıktır.

Sel suları gibi bu Işık, içinizdeki "baştan sona ıslanmaya" ihtiyacı olan güçleri ve arzuları bir sonraki kullanım için "yıkar."

Arzularınız, manevi gelişim için ne kadar süreyle gemide kalmak zorundadır? "Yeryüzü" (geriye kalan arzular) Rahmet Işığında "boğulana" ve "Nuh" olarak bilinen tek arzunuzu doğru şekilde kullanana kadar orada kalacaksınız.

"...Onuncu aya kadar sular arttı; onuncu ayda, ayın ilk gününde, dağların tepeleri görülmeye başladı."

Tüm egoist arzulardan ayrılmış bir şekilde geminin içindesiniz. Onları kullanmadınız, kitapların ve manevi yükselişin düşünceleri "içinde" kaldınız, tıpkı bir annenin rahmindeki embriyo gibi. Yaradan'ın koruması altındaydınız.

Bu sessizlikten mest oldunuz; bu tıpkı cennette olmak gibi. Şimdi büyüdünüz ve olgunlaştınız ve dünyayla kaynaşma vaktiniz yaklaştı. "Gemiden çıkma" vakti geldi.

Şimdiye kadar sürekli olarak doğumunuz için, Yaradan'a, Üst Güce "MAN yükseltmek" denilen duayı ettiniz. MAN, Mayin, Nukvin (Amniotik sıvı anlamındaki dişi sular) kelimelerinin kısaltılmışıdır.

Bu demektir ki, dişi sulardan ayrılıp, "hafif" egoist arzularla çalışmak için "Yaradan'ın rahminden ayrılmak" ve kendi yolculuğunuza başlamak zorundasınız. Onları beraberinizde "gemiye" alamazsınız, doğru zamanı beklemelisiniz. Şimdi arındığınızdan ve "sel sularıyla" yıkandığınızdan onları ıslah etme vaktiniz geldi.

Nihai amaç tüm egonun ıslahı olduğundan, böyle yaparak manevi dünyaya, Yaradan'a biraz daha yaklaşırsınız. Ancak ondan sonra kendinizi özgür, ölümsüz ve kesinlikle mutlu hissedersiniz. Yaradan'ın sizden istediği budur. O'na yakın olmanızın tek koşulu budur.

Zaten bu yolda ilerliyorsunuz. Şimdi durmayın!

Tıpkı doğum sırasındaki amniotik su gibi, "sular boşalır."

DOĞUM

"Ve sular onuncu aya kadar arttı." Sonra "yeryüzü belirir" yani ilk egoist arzuları, dağları, en hafif ve yüzeysel olanları kendinize çekersiniz. "Onuncu ayda, ayın ilk gününde, dağların tepesi görüldü."

(Dokuz ay rahmin içinde geliştikten sonra, onuncu ayın ilk gününde embriyonun doğumu)

"Kırk günün sonunda Nuh kendi yaptığı geminin penceresini açtı. Bir kuzgun uçurdu ve kuzgun suların yeryüzünden çekilmiş olduğu yere kadar gitti, geri geldi. Sonra bir güvercin gönderdi... Fakat güvercin ayağını koyacağı bir yer bulamadı ve gemiye, Nuh'a tekrar geri döndü."

Burada ne oluyor? Özel bir ıslah programından sonra, kopmuş olduğunuz maddesel dünyaya tekrar geri döndüğünüz anı düşünün. Geminin içinde ıslah olmuş, "kuzgun" ve "güvercin" denilen en hafif egoist arzuları aldınız ve onları "yeryüzünü hissetmek (arzu)" için kullandınız. Böyle yaparak, kendinize şöyle sormuş oldunuz, "Ego beni tekrar içine çekecek mi?"

Bu neden kırk günün sonunda olur ve bu "pencere" nedir? Kırk sayısı, Yaradan'ın, mutlak ihsanın ve annenin niteliğidir. Burada yaptığınız şey onda "küçük bir pencere" açmaktır. Mutlak huzura bir tutam egoizm katarak, uyumsuzluk yaratıyorsunuz. Bu sizin özgecil ve egoist nitelikler (önce kuzgunu, sonra güvercini göndermek) arasında bir ilişki kurup kuramayacağınızın işaretidir. Bu ikisi arasında bir ilişki olabilir mi? "Gemiden" ayrılabilir misiniz yoksa henüz değil mi?

Her iki kuşun da gemiye dönmesinden anlaşılıyor ki, cevap "hayır".

Ölümsüz Kitabın Sırları

Semion Vinokur

"Ve orada bir yedi gün daha kaldılar ve Nuh güvercini tekrar gönderdi." Bu yedi gün nedir?

Kabala'da yedi sayısı küçük fakat tam bir arzuyu tanımlar. Tam arzu, hem özgecil nitelik (sağ çizgi), hem de egoist (sol çizgi) niteliktir. Onları birleştirerek, iki zıt yarımın bir araya gelip orta çizgiyi oluşturdukları belli bir "altın oran", yukarıya yönelmiş tek bir arzu "yaratmış" oluruz.

Bu yöntem tüm yaratılışın bütünlüğünü sağlar. Diğer bir deyişle, tek bir güç bile ziyan edilmez, tek bir kelime bile boşa gitmez. Bu daha ziyade tüm güçlerin doğru uygulanması ve insanın içindeki süreçle ilgilidir.

Küçük arzumuz, yeni doğmuş bir bebeğe benzer; artık annesinin rahminden, "gemiden" ayrılmıştır. Bu "yeni doğan", bizim "bakım" denilen ıslahın bir sonraki aşamasını keşfetmeye başlamış, en küçük manevi arzumuzdur. Yeni doğan henüz yürüyemez fakat yaşamın devamlılığı için yeryüzünün havasını içine çekip, nefes alır. Bu şu demektir, ihsan etme arzumuza ıslah edilmek üzere küçük bir parça egoizm katılmıştır.

Islah yolunda ilerliyoruz. Bu arzu şimdilik bir "çocuk" ve "yeni neslin lideri" yani o sizin henüz ıslah olmamış diğer arzularınıza Yaradan'a doğru önderlik edecek.

"Ve güvercin akşamüzeri ona geri döndü (Nuh'a) ve gagasında taze koparılmış bir zeytin yaprağı getirdi; böylece Nuh suların yeryüzünden çekildiğini bildi." Bu, çalışmaya başlayabilirsiniz demektir. Artık kıyıya çıkma, genç ve kırılgan özgecil tomurcukları yok etmemeye dikkat ederek egoyla çalışma vakti gelmiştir...

Güvercinin ağzındaki bu taze koparılmış zeytin yaprağı ne demek? Zeytin yaprağı sadece özgecil arzuda elde edilebilen yaşam ışığını temsil eder.

İçinizdeki Nuh bir bildiri alır: "Artık suyla (Rahmet Işığı) uygun bir şekilde yıkanmış olduğundan, şimdi küçük (ıslah olmamış) egoist arzularınla ilgilenebilirsin. Bunun delili olarak sana bu zeytin yaprağı (ışıma) gönderilmiştir."

Yaşam Işığını zeytinyağı ya da zeytin temsil etmez, onu sadece zeytin yaprağı sembolize eder (Işık değil ama ışıma). Ve bu, küçük egoist arzuları ıslah etmeye başlamak için yeterlidir.

"Ve Tanrı Nuh'la konuşarak, şöyle dedi: 'Git... verimli ol ve yeryüzünde çoğal.'" "Gemi" denilen ıslah aşamasını tamamladınız. Sabrettiniz ve onunla olgunlaştınız; şimdi yeniden doğdunuz, böylece artık daha fazla sel olmayacağından eminsiniz. Bu Yaradan'ın "Nuh ve oğullarına" verdiği mutluluk, ıslah olmuş özgecil arzulardır: "Verimli ol ve yeryüzünde çoğal."

Bu aşamayı geçtiniz ve şimdi özgecil nitelik (Yaradan'ın niteliği) egoizmle (yaratılanın niteliği) birleşiyor. Son olarak "yeryüzüne ayakbastınız" ve egonun ıslah yoluna girdiniz. Öyle ya da böyle herkes bu yoldan geçecek! Ve egonun ıslahının sonuna kadar (Cennet Bahçesine dönüş), ilerlemeniz sadece yukarıya doğru olacak.

Kabala'da şöyle bir söz vardır: "Maneviyatta her zaman yükselir ve asla düşmezsiniz." Aslında bilmelisiniz ki manevi yolda hissettiğiniz inişler ve çıkışlar sadece manevi merdiveni tırmanmaya yöneliktir. Karanlığa batmış ya da gece ("gece", ışığın yokluğunda manevi düşüş aşamasını betimler) çok uzun sürmüş gibi görünse de, bilin ki o aslında manevi yolunuzda size yardım ediyor. Tek yapmanız gereken "inşa ettiğiniz gemiye" tutunmak ve ondan sonra sabahın (yükseliş) gelişini hissetmek.

Ölümsüz Kitabın Sırları

Semion Vinokur

Neden bu düşüşler var? Çünkü içimizdeki Yaradan'ın ihsan etme niteliği, egonun başka bir kısmını ele almak için yeteri kadar güçlendi ve şimdi sıra ıslaha geldi. Çalışma devam etmelidir. Tam bir ıslahtan geçmeliyiz.

Bu sebeple düşüşleri hissedeceğiniz, egonun sorularını duyacağınız ve daha sonra bunları ıslah edeceğiz. Sizi aynı sorularla baskılamaya devam edecek: "Neden bunlara ihtiyacın var? Bırak hepsini ve para kazanmak gibi daha önemli şeylerle meşgul ol!"

Egonun soruları değişmez; onlar akılcı ve dünyevidir, fakat artık siz aynı kişi değilsiniz. Manevi aşamanın tadını bir kez aldınız ve gecenin sabaha değişeceğini biliyorsunuz.

Bu noktadan sonra, tüm yolunuz Yaradan'ın ihsan etme niteliği yardımıyla egonun ıslahının aşamalarıdır.

Semion Vinokur

YENİ BİR YERYÜZÜ

"Ve Tanrı Nuh'la konuştu, 'Gemiden ayrıl, sen, karın, oğulların ve oğullarının eşleriyle beraber. Yanına sizinle beraber olan tüm canlıları, kuşları, sığırları ve yeryüzünün üstünde cirit atan sürüngenleri al, verimli ol ve çoğal.'"

"Yeni bir yeryüzüne" gelmek gemiden sonra size olan şeydir. Yeryüzünü farklı görür, her şeyde haz bulursunuz. Etrafınızdaki her şeyin manevi ilerlemeniz için size verildiğini anlamaya başlarsınız. Siz onlara yardım edersiniz onlar size yardım eder ve orada olan bir anlık acı yalnızca her şeyin tek bir kaynaktan -Yaradan- geldiğini hatırlatarak sizi tökezlemekten alıkoyan alıştırmadan başka bir şey değildir.

Şimdi acınız bunun sizin iyiliğiniz için olduğu anlayışıyla yatışır. Nerede durduğunuzu ve doğru yoldan ne kadar ayrıldığınızı görmenizi sağlar. Bunun üzerinde çalışıp yeni bir yükselişe ulaşırsınız.

Tüm acıları tek bir örnekle özetleyebiliriz. Çok susamış bir adam, duru bir su kaynağının önünde durarak kirli kabını doldurmaya çalışır. Suyun tadı ona kötü ve acı gelir. İçemez ve kirli kaynağı lanetler (bizim sürekli olarak acıyı gönderen Yaradan'ı suçlamamız gibi). Adam sorunun suda değil fakat kabında olduğunu anladığında, kabını temizler ve suyun tadı harika olur.

Aynı şey bizim için de geçerlidir. İnsanlar kendilerini sadece maddesel sıkıntılarla meşgul eder ve çektikleri acılar için başkasını suçlar. Fakat kalpteki noktası uyanmış olanlar -manevi dünyaya giriş arayanlar- aslında bu acıların onlara yardım ettiğini görür çünkü acılar kontrol edilmesi ve ıslah edilmesi gereken noktaları (arzu) açığa çıkarır. Ve ıslah sadece doğru niyet bulunduğunda gerçekleşir.

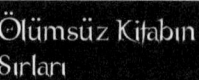

Ölümsüz Kitabın Sırları

Semion Vinokur

Arzu aynen kalır, sadece niyet değişir. Bir sonraki darbeyi beklemez, onun yerine sizi arkanızdan itmek zorunda kalmaması için Üst Güçle aktif olarak temas kurmaya çalışırsınız. İyiliğin ve saf Sevgi Işığının sizi beklediği yere acı çekmeden neşeyle ulaşırsınız.

Bu Işık sizin içindir; susuzluk çeken için kaynaktan daima saf su akar. Bu kavramı anlamak, Nuh'un "gemiden çıkmak ve yeni yeryüzüne gelmek" kavramıyla anlatılır.

Bu "yeni bir yeryüzüdür" çünkü Yaradan tarafından lanetlenen yeryüzü (egoist arzular) meyve vermeye (egoist arzular, özgecil olanlarla birleşir) başlar ve insanı Yaratılış amacına getiren yaşamın açığa çıkmasını sağlar.

"Ve Tanrı dedi ki, 'Bu, seninle ve seninle beraber tüm canlılarla Benim aramda olan anlaşmanın bundan sonraki nesiller için bir işareti: Yayımı bulutların içine yerleştirdim ve bu Benimle yeryüzü arasındaki anlaşmanın işareti olacak.'"

Buluttaki yay (gökkuşağı), insanla ilgili Yaradan'ın Kendi üzerine aldığı bir kısıtlamadır: Tüm eylemlerinize rağmen (doğamız gereği egoist olduğumuzdan), sizi maksimum ıslaha yönlendirmek için daha fazla yıkım ve sel yaratmamak.

Siz tüm bu yolu acı dolu olarak algılıyor olsanız bile, Yaradan sizi iyi yola, sevginin yoluna doğru yönlendirmeye söz verir.(Kirli kap ve temiz su örneğini hatırlayın. Su temiz iken, siz kirli bir kapsınız. Kabınızı temizlemeye başlayın ve suyun gerçek tadını almaya başlayın.)

Gökkuşağıyla ilgili birkaç şey daha söyleyelim. Gökkuşağı yedi renkten oluşur. Bu ne demek? Yedi renk, küçük fakat tam bir arzuyu içine alan yedi niteliği (Sefirot) ve özgecil ve alma -Yaradan ve yaratılan- niteliklerinin birleşimini gösterir.

"Ve Gemiden ayrılan Nuh'un oğulları Şem, Ham ve Yafet; ve Ham Kenan'ın babasıydı. Bu üçü Nuh'un oğullarıydı ve onlar tüm yeryüzüne dağıldı." Sizin ıslah olmuş arzularınıza "oğullar" denir. Önceleri üç tane vardı (üç çizgiyi ima ederek. Sağ çizgi Yaradan'dan, sol çizgi yaratılandan gelir ve ortadaki çizgi onların birleşiminin sonucudur).

Üç oğul yeryüzündeki tüm yaşamı yaratır. "Yaşam" egoizme karşı olan her şeyi temsil eder. Bazen etrafınızdaki her şey size ruhsuz geliyorsa, bu egoya sahip olmaktan değil, kendiniz için hareket etmekten, yıkıma, ölüme ve dünyayı parçalamaya çalışmaktan kaynaklanıyordur, durun ve amacınızı düşünün ve kendinizi ve dünyayı ıslah etmek için çalışmaya devam edin. Her şey tek bir amaç için yaratılmıştır - Yaradan'la bir olmak.

Bana inanın, değerli okuyucu, bu size ifşa olmak üzere. İfşa olacak diğer bir şey de şudur: Her şey tek bir yasayla yönetilir - Sevgi Yasası.

"Ve tüm yeryüzü tek bir dil konuştu." Gördüğünüz gibi "selden" sonra tüm arzular sadece Yaradan'a yönelir. Arzular ve Doğa, aralarında tek bir bütün oluştururlar. Tüm arzularımız (Rahmet Işığında "yıkanmış") aynı "dili" konuşur - Yaradan'ın Sevgi dili.

Ancak yine de bu özgecil arzuların ötesinde yapılacak çok çalışma var. Bu arzular egoist arzulara doğru yönelmeli, onlarla kaynaşmalı ve kolaydan başlayarak zora doğru ilerleyerek hepsi düzelene kadar onları ıslah etmeye başlamalıdır. Amaç, "kabı tamamen temizlemektir." Fakat bu daha sonra gerçekleşecek. Biz şimdilik yolun başındayız.

"Onlar doğuya gittikçe, Şinar topraklarını buldular ve orada yerleştiler."

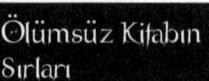

Semion Vinokur

"Doğuya doğru gittiler" cümlesi yeni bir manevi derece edinmeyi anlatır. "Yerleşmek" ya da "oturmak" demek yeni derecede yeni egoist arzularla kaynaşmak demektir. Bu, bir arzunun, beklenmeyen sonuçlara sebep olan bir başka arzunun içine sızmasıdır.

Semion Vinokur

BABİL KULESİNİ İNŞA ETMEK

"Ve onlar dedi ki, 'Gel, hadi bir şehir ve tepesi cennete ulaşan bir kule inşa edelim ve nam salalım; tüm yeryüzüne yayılalım.'"

Ve işte -tüm dünyayı baş aşağı eden ilk ve en önemli olay- Babil Kulesi'nin yapımı başladı. Bu 4000 yıl önce gerçekleşen bir hikâyedir fakat bugüne kadar güncelliğini korumuştur. Öyleyse her açıdan onu incelemeye başlayalım.

Şimdi bir adım geri atıp, bu tarihi olayın özünü anlayalım: Maddesel dünyada ortaya çıkan her şey kökünü maneviyattan alır. Okuduğunuz herhangi bir tarihi olay, hâlihazırda manevi boyutta var olanların bir sonucudur.

Kabala'da şöyle bir deyim vardır: "Aşağıda, yukarıdaki bir meleğin "Büyü" demediği tek bir çimen yaprağı bile yoktur." Babil Kulesi için de aynı şey söz konusudur. Tarihi olayların gösterdiği gibi o gerçekten vardır.

20.yüzyılın başında Alman arkeolog Robert Koldewy, bugünkü Irak'ta kadim Babil şehrini buldu. Şehirde boyutları 90x90x90 olarak ölçülen bir kulenin yıkıntıları da vardı. Milattan önce 5. yüzyılda yaşamış kadim Yunan tarihçisi Herodot, kuleyi birbirine paralel yedi kat olarak tarif etmiştir. Tarihi kaynaklar Esagila şehrinin kalbinde Marduk tanrısına adanmış, Babil Kulesi'nden bahseder. Ona Sümerce "Cennetin ve Yeryüzünün Tapınağı" anlamına gelen Etemenaki dediler.

Esagila, paganizmin hüküm sürdüğü dini bir merkezdi. Astroloji, horoskop, falcılık, sayı bilimi, ruhiyatçılık, büyü, sihir, nazar, muska, zikir, kötü ruhların çıkarılması -tüm bunlar Esagila'da doğmuş ve modern çağlara kadar gelmiştir. Bugün bu inançların yeniden doğuşuna tanık oluyoruz.

Semion Vinokur

DİLLERİN DOĞUŞU

Hint-Avrupa dilinin, Babil Kulesi döneminde konuşulan dilden ortaya çıktığına dair bir hipotez vardır.

Yeni Zelanda Aucland Üniversitesinden Dr Russell Gray, 87 adet Hint-Avrupa dilinin yaklaşık "yaşını" hesaplayarak şu sonuca varmıştır, tüm bu diller Babil Kulesi döneminde ortaya çıkarak, daha sonra batıya Avrupa'ya ve doğuya Hindistan'a yayılmıştır.

İÇİMİZDEKİ BABİL KULESİ

Yukarıda söylenenler elbette ki Babil Kulesi'nin varlığının fiziksel ispatıyla ilgilidir. Ancak biz orada neler olduğunun kökleriyle daha fazla ilgiliyiz. Tüm bunların sebebini anlamak, içsel dünyamızla ilişkilendirmek ve meydana gelmiş bu bölünmenin bir daha tekrarlanmayacağından emin olmak için çabalıyoruz. Manevi dünyaları edinerek meydana gelen her şeyin nedenini etkileyebilir ve dolayısıyla kaderimizi, tüm dünyanın ve insanlığın kaderini değiştirebiliriz.

Evet, Babil sakinleri "cennete yükselen bir kule" inşa etmeye karar verdi. Konunun daha açığa çıkması için sözel Tora'ya (Midraş) başvurabiliriz. Konuyla ilgili Midraş'ın söyledikleri şunlardır: Babil halkı tufan hikâyesini biliyordu. Aynı kaderin kendi başlarına da gelebileceği korkusu içinde yaşıyorlardı. Bu nedenle, tamamen güven içinde olacakları bir yer yaratmak istediler. Sonunda Babil topraklarında hepsini alabilecek büyüklükte bir vadi buldular.

Ve Nemrut'u kralları olarak taçlandırdılar. Tüm insanlık Babil'de yaşadığından Nemrut tüm yeryüzü nüfusunun kralı oldu.

Nemrut halka şunu teklif etti: "Hepimizin yaşayacağı bir şehir inşa edelim. Ve bu şehrin içine çok yüksek bir kule yapalım." Herkes bu fikirden hoşnut kaldı. Şöyle devam etti: "Başka bir tufan olup bizi yeryüzünden silmesin diye kuleyi öyle yüksek yapalım ki, tepesi Gökyüzüne değsin ve adımız her yerde duyulsun."

Ancak, kulenin inşası için hepsi hemfikir olsa da, yapılış amacıyla ilgili olarak farklı fikirlere sahiptiler. Bazıları şöyle düşündü, "Sel sırasında, suyun bize ulaşmaması için kulenin tepesine tırmanırız." Başka bir grup ise kulenin tepesinde bir toplanma yeri inşa edip orada tanrılarına ibadet ederek felaketlerden korunacaklarını düşünüp şöyle dedi: "Adımızı her yere duyuracağız." Bir diğer grup ise şunu öne sürdü: "Yaradan bizim topraklarımızı sınırlandırırken, O'nun tek başına yukarıdaki âlemlerin Tanrı'sı olması adil değil."

Egonun konuşmasını duyuyor musunuz? "Biz Yaradan'ın yardımı olmadan kendi başımıza göğe ulaşacağız. O değil, biz dünyayı yöneteceğiz. Öyle yüksek bir kule yapacağız ki, tepesi cennete değecek ve adımızı duyuracağız."

Bu cesaret nereden geliyor? Cevap şu ki, onlar yeni bir dereceye ulaştılar. Özellikle bir önceki dereceyi tamamladıklarından, onlara çalışmaları için ilave bir ego verildi. Bu yeni derecede, ego bir kral ve adı Meridah (başkaldırma) kelimesinden gelen, "Nemrut."

"Nemrut" tüm egoya hükmeden yeni bir egoist güç. Şimdi bu güçle savaşmak zorundayız.

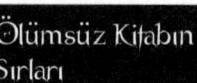

Semion Vinokur

YÜKSELMEK İÇİN DÜŞMEK

Deneyimleyeceğiniz ilk şey düşüştür. "Gün", "gece" olur ve yeni derecenin egoist gücünün, kazanıyor olduğunun hissi sizi sarar. Önceden edindiğiniz her şey unutulmuş görünür: Sanki hiç "tufandan kurtulmamış," sanki "Nuh ve oğulları" hiç var olmamış gibidir. İhsan etme arzunuz, "Nemrut'un" gücü karşısında güçsüzdür.

(Tarihsel olarak Babil, o zamanlarda tüm dünyayı etkileyen güçlü bir egoizm akımına kapılmıştır.)

Şunu sorabilirsiniz: "Düşüş gerçekten gerekli mi?" Evet, kesinlikle! Aslında, bu düşüşler kutlanmalıdır çünkü manevi merdivende bir sonraki basamağın ortaya çıkması bu şekilde olur. Yeni bir derece içinizde açığa çıkar.

Yaşamın içinde de bu şekilde olur. Küçük bir şirketin müdürü olduğunuzu düşünün. Personelle ilgili olarak her şeyi biliyorsunuz. Herkes dost ve birbirine yakın, tatilleri beraber kutluyor, beraberce oturup dedikodu yapıyorsunuz, fakat aniden reddedemeyeceğiz bir teklif yapılıyor: Şirketin ana merkezine transfer oluyorsunuz.

Şimdi uykusuz geceler ve sıkıntılı düşünceler başladı: "Neden bunu kabul edip, önceden sahip olduğum huzuru ve mutluluğu bıraktım?"

Bu yeni bir derece. Bu yeni dereceyle, yeni koşullara ve yeni egoist arzulara alışmak zorundasınız; daha yüksek bir maaş, yeni patronunuzun sizi beğenme arzusu ve yeni promosyonların geleceği beklentisi size başarı getirir. Daha yüksek bir dereceye geçmek zorundasınız, bundan kaçış yoktur.

Bu egoist dünyamızdan alınmış bir örnektir.

Semion Vinokur

Manevi dünyada, yeni derece daima düşüşle gelir. Düşüşü bir sonraki yükselişin başlangıcının belirleyicisi olarak bilenler için, bu neşeli bir durumdur. Artık biliyoruz ki, belli bir kısım ego sürecinden sonra yeni bir yükseliş gelir ve Yaradan'ın daha büyük bir ifşasının sinyalini veren başka bir kısım ona ilave olur. Ve bu sizi teşvik eder.

Zohar Kitabı'nın yazarı büyük Kabalist Şimon Bar Yohai (RAŞBİ), hayal bile edemeyeceğimiz manevi yükselişleri deneyimlemiştir. Ama daima yeni bir dereceden önce düşüşü deneyimlemiştir. Nihai derece olan 125. dereceye yükselmeden önce, düşüşü o kadar derin oldu ki Kabala'nın en büyük kitabının yazarı, kendini pazarda hiçbir manevi edinimi olmayan cahil bir satıcı gibi hissetti. Alfabeyi bile unuttu!

Diğer insanlarla onun arasındaki fark şuydu: O bu aşamanın çabucak geçeceğinden ve daha yüksek bir dereceye ulaşacağından emindi. Her yükselişten önce ıslah etmeniz gereken ek bir ego verildiğinden, siz de bu düşünceye tutunmalısınız.

Kimse önündeki manevi derecelerde neler olacağını bilemez. Her bir derece bilinmeyene bir yolculuktur. Alt derecede olan, sonraki dereceler onu Yaradan'ın seviyesine çıkarana kadar Üst Gücü edinemez. Daha önce bahsettiğimiz gibi, siz bir sonraki dereceyi edindiğinizde, Yaradan'ın adları olan o derecenin adını ediniyorsunuz.

Manevi dünyada sadece yükseliş vardır. Düşüş hissi amaca giden yolda yeni bir yükselişi belirler.

113

Ölümsüz Kitabın Sırları   Semion Vinokur

DÜNÜN VE BUGÜNÜN BABİL'İ

Tekrar Babil'e dönelim. Gördüğümüz ilk şey egonun (Nemrut ve halkı) kazanmış olduğudur.

Bu arada yeni derece edindiğimizde Yaradan'ın yeni adlarını keşfettiğimizi hatırlarsak, "Nemrut", O'nun adlarından biridir. Neden? Çünkü dünyada başka bir güç yok. Amaca doğru ilerlerken önümüze engeller koyan O'dur, biz onların üstesinden gelmek ve yolumuzun sonunda bizi bekleyen haz ve berekete odaklanmak zorundayız.

Kulenin inşası muazzam bir iştir. Çünkü Babil'de taş yoktu ve insanlar yeni bir malzeme icat etti: Kili ateşte yaktılar ve ortaya çıkan tuğlaları taş yerine kullandılar.

Tuğlalar adeta kendi kendine üredi: Ustalar bir tuğla koyduğunda, duvarda iki tuğla belirdi, iki koyduklarında duvarda dört tuğla belirdi.

Bu pasajın anlamı nedir? Egonun sesi (Kral Nemrut ve halkı) şunu der: "Üst Güce ihtiyacımız yok, yeni bir şey icat edebiliriz, biz sadece ellerimize güveniriz ve kendi aklımızla kazanırız."

"Babil'de tek taş yoktu, insanlar yeni bir inşa malzemesi icat etti." Şimdilerde olan şeye benzemiyor mu? Bu şekilde ilerlemiyor muyuz? "...kili ateşte yaktılar ve ortaya çıkan tuğlaları taş yerine kullandılar."

Benzer bir senaryo 20.yüzyılın başlarında, komünistler Üst Güce teslim olmayı reddettikleri ve ideolojilerini kendi başlarına uygulayabileceklerini düşündükleri zaman Rusya'da yaşandı. Sevgi, kardeşlik ve eşitlik sloganları kulağa çok hoş geliyordu. (Ego gerçekten şirin görünür). Fakat bu sloganların arkasında Üst Güç yoktu. Tamamen yeryüzünün, yani egonun üzerine kurulmuştu.

Rus halkı, insanın doğuştan egoist olduğunu, er ya da geç her şeyin yıkılacağını ve bekledikleri cennet hayalinin cehenneme döneceğini anlayamadı.

Yakın zamana kadar, benzer gelişmeler diğer uluslarda ve özellikle yeni bir bilinç seviyesine ulaşana kadar Amerika'da da yaşandı. Şimdi insanlık, Üst Güçle bağ eksikliği olduğunda ilerlemenin söz konusu olmayacağını anlamaya başladı.

"Tuğlalar adeta kendi kendine üredi: Ustalar bir tuğla koyduğunda, duvarda iki tuğla keşfettiler, iki koyduklarında, dört tuğla duvarda belirdi." Peki, sonuç ne oldu? Bugün her zamankinden daha fazla çalışıyoruz. Maddesel şeylerin kölesi olduk; ailelerimiz dağılıyor, geride mutsuz çocuklar ve yetişkinler kalıyor. Alkol ve ilaçlarda doyum arıyor, zamanımızın en yaygın hastalığı haline gelen depresyonla uğraşıyoruz. Aslında mağara adamları bizden daha mutluydu!

Tüm bunlar Yaradan'dan, insanın ıslahından uzaklaşılmış ve ihsan etme niteliğini edinememiş olmanın bir sonucu.

Gelişimle ne elde ettik? Yaradan'la bağımız olmadan var olamayacağımızı anlamaya başladık. Bu gelişimin en önemli sonucudur.

Egoyu ıslah etmemiz gerekliliğini idrak edene kadar, bununla ilgili hiçbir şey yapılamaz. Islah olmadığımız ya da ıslah sürecine başlamadığımız sürece egonun hilelerine (Babil Kulesi yapımı aşamasındaki Nemrut, Mısır aşamasında Firavun) bağlı kalacağız ve ego inkâr edilemez. Kendine hizmet ettiği sürece savaşlara neden olabilir, kırmızı düğmeye basabilir, rüşvet alabilir ve birisini otobüsün altına atabilir, çünkü ego bozuktur.

Ölümsüz Kitabın Sırları

Semion Vinokur

İnancım şu ki, dünya sadece Üst Gücün egoyu terbiye edeceğini anlamaya hazır. Başka bir şansımız olmadığından, yakında hepimiz Yaradan'a dönmek zorunda kalacağız. Bu sebeple Işığa, Hükmeden Üst Güce bağlanmamız gerektiğini anlayıp, gelecek acılardan kurtulmak için bunu bir an önce yapmak zorundayız.

Kule gittikçe daha çok büyüyor ve yakında o kadar yükselecek ki tepesine tırmanmak bir yıl alacak. Biri sağdan biri soldan çıkan geniş merdivenler. Doğudaki merdiven yükleri taşımak için kullanılırken, batıdaki insanları indirmek için kullanıldı. İnsanlar sürekli olarak yapı malzemesini taşımak için inmek ve çıkmak zorundaydı.

İnşa edenler kuleyi tamamlama konusunda o kadar istekliydiler ki ne zaman bir kiremit düşüp kırılsa, ağıt yakarlardı: "Onu yerine koymak ne kadar da zor." Oysa bir insan düşüp öldüğünde, ona kimse dönüp bakmazdı.

Bu aşama, egonun bencillik tohumlarını nasıl attığının göstergesidir. "Oysa bir insan düşüp öldüğünde, kimse dönüp ona bakmazdı."

Daha önce insanın (Âdem), Adameh ("Yaradan gibi olacağım") kelimesinden türediğini söylemiştik. Nemrut halkı Yaradan'a benzer bir şeye ihtiyaç duymuyor, sadece tuğlalarla ilgileniyordu. Bu kelimeleri düşünün ve hissetmeye çalışın: "Oysa bir insan düşüp öldüğünde, kimse dönüp ona bakmazdı."

Bir gün, İbrahim isminde bir adam kulenin yanından geçiyordu. Kırk-sekiz yaşındaydı ve kulenin yapımına karşı olmasıyla tanınıyordu. Yaklaştığında ona sordular: "Kuleyi inşa ederken bize katıl, güçlü bir adamsın bize yararın dokunabilir." İbrahim onları reddederek şöyle dedi:

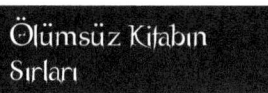

"Siz Yaradan'ı terk ettiniz, O'nun yerine koymaya karar verdiğiniz bu kule kim?"

Bu şekilde egoist arzuya karşılık gelen özgecil gücün içimizde nasıl açığa çıktığını görürüz. Bu güç Nemrut'u yenmeye muktedir olan tek güçtür ve adı da İbrahim'dir.

Bu güç adeta bir uyarıdır. Henüz büyümüş egoyla uğraşma becerisi yoktur, fakat sesi duyulmaktadır ve bu çok önemlidir.

Diğer bir deyişle, canlanmaya başlıyorsunuz ve düşüş aşamasından çıkıyorsunuz. Yeni özgecil güçlerle donanarak çalışmaya başlıyorsunuz.

Şimdilerde tepeye ulaştık, kule "çökmek" üzere. (Aslında egoizmle ilgili bir şey inşa edemezsiniz, sadece Üst Güçle bağ kurabilirsiniz.)

Semion Vinokur

NE YAPMALIYIZ

Kitap bize şu tavsiyeyi verir: "İçinizdeki İbrahim'i dinleyin." Egoist deliliğin ortasında onu bulun ve ona hareket edebilmesi için alan bırakın. Bırakın ego manevi gelişimi amaçlamış herhangi bir değişime dirensin ve reddetsin, başka bir yolu olmadığını nasıl olsa anlayacak. Daha önce pek çok şey denendi ve test edildi ve işe yaramadığı anlaşıldı.

Zihninizi berraklaştırın, her şey çözüme kavuşur. Bugünün İbrahim'i kendini dünyaya açmaya hazır.

Özellikle bu sebeple Kabala yüzyıllar boyunca insanlıktan gizliydi ve artık su yüzüne çıktı.

Eğer insanlık dinlerse, Doğa'yla birlik olma yolunu izleriz. Eğer dinlemezse, acının yolunu izlemek durumunda kalırız. Fakat her iki şekilde de hedefe ulaşacağız.

Doğa'yla bir olmak ne demek? Kabalistler bununla ilgili 4000 yıl önce Yaratılış Kitabı'nda yazdılar.

Etrafımızda tek bir yasa var, Doğa Yasası mutlak özgecil, mutlak sevgi yasasıdır. Tüm gücüyle etrafımızda işler. Bu, Yaradan'ın Yasası olarak da bilinir.

Peki ya biz? Bu yasayı egoistçe reddediyoruz. Sürekli olarak büyüyen egolarımızı ıslah etmek ve Doğa'yla eşitlemek yerine, kendimizi ondan korumak için yapay engeller inşa ediyoruz. Bilim ve teknolojimiz bunun için kullanılıyor.

İnsanın kendini ıslah etmeyi reddetmesi ve Doğaya hükmetmeyi istemesi fenomenine "Babil Kulesi'ni inşa etmek" diyoruz.

Babil günlerinden beri, egolarımız tepe noktasına ulaşarak gittikçe gelişti. İnsanlık, teknolojik ya da başka bir gelişim

Semion Vinokur

modeli aracılığıyla kendi egosunu doyurarak bozuldu. Bugün tüm bu yolculuğun boş olduğunu anlamaya başlıyoruz.

Kriz ve içinde bulunduğumuz durum sebebiyle, Babil Kulesi'nin gözlerimizin önünde yıkıldığını söyleyebiliriz. Şimdi yapmamız gereken doğru seçimi yapmaktır. Şimdiye kadar kötü seçimler yapıp, bu sebeple acı çekmedik mi?

Zohar Kitabı tefsiri Sulam (Merdiven) kitabının yazarı büyük Kabalist Baal HaSulam, 1940 yılında şöyle yazdı: İnsanlık üçüncü ve daha sonra dördüncü dünya savaşı olabileceği anlamak zorunda, tüm bu savaşların sonunda bir avuç insan geride kalacak ve bu insanlar evrensel yasayla bir olacak ve ancak ondan sonra dünya gerçek sevgi ve huzura ulaşacak.

Her zaman olduğu gibi, bu sözleri Kabala diliyle açıklamak zorundayız. Ego sizi içten sıkıştırıyorsa, kendinizi isteyerek başkalarına vermeye hazırsınız demektir.

"Sonunda Yaradan yetmiş melekle, o neslin üstüne yeryüzüne indi." Bu pasaj özgecil güçten bahseder (Yaradan), "yeryüzüne inmek" kırılma sonucudur. Diğer bir deyişle özgecil arzu, egoist arzunun (yeryüzü) içine girer.

"O neslin üzerine indi" gibi ifadeler sizi korkutmasın. Basitçe bunun anlamı kendimizi olduğumuz gibi görmemiz anlamındadır. Bu, Işığın içimize giren özgecil kıvılcımlarıyla gerçekleşir. Tıpkı patlayan flaşlar gibi, karanlığı aydınlatırlar ve görmemizi sağlarlar ve biz tüm eylemlerimize kendini sevme güdüsünün hükmettiğini anlarız.

"Ben bir egoisttim!" Bu tek his, yetmiş bireysel egoist arzuyu ihtiva eder (70 Sefirot).

Ölümsüz Kitabın Sırları

Semion Vinokur

Özgecil kıvılcım her bir arzumuzu kırılma sırasında filtre eder ve tüm yaşantımızı alt-üst ederek, normal giden her şeyi bozup bize kim olduğumuzu geri yansıtır.

İnsanların, tek bir dil konuşarak birbirleriyle iletişim kuramadıklarını keşfettiklerinde nasıl şok olduklarını bir düşünün ve bunun sonucunda yetmiş farklı dil konuşmaya başladılar.

Diğer bir deyişle, özgecil Işık bize her arzunun sadece kendisi için yaşadığı gösterir. Tüm insanlar bu şekilde yaşar. Hiç kimse bir başkasını anlamaz, sevgi ve kardeşlikle ilgili tüm sloganlar boşa söylenir. Gerçek özgecilik, egoist arzular -insanlar, uluslar ve dünya- arasında var olan boşluğu aydınlatır ve egoizmin bizi sevmeye, beraber olmaya ya da aynı dili konuşmaya izin vermediğini gösterir. Egoizm, herkesin kendisi için var olması, sadece kendi dilini konuşup diğerlerinin anlamaması demektir.

Babil'de dillerin ayrımı hemen gerçekleşti. İnsanlar birbirlerinin söylediklerinden tek kelime anlamadılar. Birisi "Bana su ver!" dedi, diğeri ona toprak uzattı. Bir başkası "Bana ip ver!" dediğinde karşılığında çekiç aldı. Birbirlerini anlayamayan insanlar birbirlerini öldürmeye başladı ve bu şekilde insanlığın yarısı yok oldu.

Özgecil Işığın açığa çıkardığı şey, egonun arkadaşı olmadığıdır. Ego bizi zorlu koşullara sürükler ve duvara çarpar. Ancak bundan sonra tuzağa düştüğümüzü, özgür seçimimiz olmadan egonun kölesi olduğumuzu, hayatımızda olan her şeyin kendini sevmeden kaynaklandığını anlarız.

İnsan yaratma yerine "öldürdüğünü" keşfeder. Kendini terör ve acılarla örülü umutsuz ve çaresiz bir aşamada bulur. Çıkış yolunu bulamaz ve hiçbir yöne gitmek istemez. Kurtuluşun

Semion Vinokur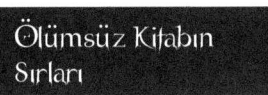

nereden geleceğini bilemez. Bunun idraki içimizdeki "Babil Kulesinin yıkımıdır."

Sonra ne olur? Kabala ilmi kurtarıcı olarak gelir. Bu ilim kadim Babil zamanından önce doğmuştur ve binlerce yıl gizli tutulmuştur. Ve şimdi tüm dünyaya ifşa olmuştur.

Nuh bölümünün sonuna geldik. Bir sonraki bölüm Lech Lecha (İlerlemek).

# BÖLÜM 3

İLERLEMEK

Semion Vinokur

Ölümsüz Kitabın Sırları

Sevgili okuyucu, bir sonraki egoist dereceye yükselmek üzeresiniz. Sahneye yeni arzularınız çıkıyor. Amaç basit, hayal edebileceğiniz en mükemmel aşamaya ulaşmanıza yardım etmek.

Ancak, içimizdeki yolculuğa devam edebilmek için bir adım geri gidip, dışarıdan bir yardım almadan kendi ellerinizle inşa edip mutluluğu bulacağınızdan emin olduğunuz zamana geri dönelim. Bu, içinizdeki Babil Kulesi'nin yıkımından önceydi.

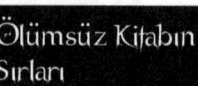

Semion Vinokur

EGOİZM KRALLIĞI

O vakitler, Nemrut adındaki kral (egonuz) içinizde hüküm sürüyordu. İnanarak, güvenerek ve sadece ona taparak, onu izlediniz.

Bu dönemle ilgili Midraş'tan alıntı: "Kral Nemrut'un gücü ve hilekârlığı dillere destandı. Herkes onun hedefini hiç şaşırmadan, kolunu ceylanın kalbine uzattığını biliyordu. Nemrut'un kendini tanrı yaptığı sorusunu sormaya kalkana yazıklar olsun çünkü bir cellat daima tahtın yanında durur."

İçinizdeki Nemrut, oldukça gelişmiş, arzulayan ve istediğini başarabilen doğuştan gelen egoizmi temsil eder: "Herkes onun hedefini hiç şaşırmadan, kolunu ceylanın kalbine uzattığını biliyordu."

Bilirsiniz, tüm hayatınız ve niyetiniz özellikle kendinize odaklıdır. "Bu benim işime yarayacak mı?" sorusu yaşamınızın temelidir. Başkalarıyla olan ilişkilerimiz özellikle buna dayanır.

"Nemrut" sizin özünüzdür. Kendinden başka kimseyi dikkate almaz. "Nemrut'un kendini tanrı yaptığı sorusunu sormaya kalkana yazıklar olsun."

Diğer bir deyişle "Benim altımda var olduğu sürece her şeye varım! Kabullenmeye, ödemeye hazırım fakat ben hepsinden üstün olmalıyım! Çünkü beni yaratan onlar değil!" Bu, egonuzun düşünce biçimidir: "Nemrut kendini tanrı yaptı."

"Önce ben gelirim" hissettiğiniz şeydir. İçinizdeki "Nemrut", tahtında her şeyi yönettiğinden, kimseyi dikkate almaz.

"Taht" gücü temsil eder. Yaradan'a direnen ve O'nu reddeden içinizdeki "Babil Kulesi'dir."

Semion Vinokur

Bunun devam etmeyeceğini, Nemrut'un başarısız olacağını o zaman bilmiyordunuz, "...cellat daima tahtın yanında durur."

Tahtın yanında duran cellat, egoya olan direncin duygusudur ve o duyguları bir şekilde engellemeye, zapt etmeye ya da baskılamaya çalışır.

Sizin Nemrut'unuz kurallarına karşı çıkanı hoş görmez. Acı çektiğiniz ya da hayal kırıklığına uğradığınız bir anı hatırlayın. Bu özünüze saldırıldığında hissettiğiniz şeydir. Birisi sizin "Ben-inizi", "kutsalların kutsalını", "Kral Nemrut'u" ihlal ettiğinde, kendinizi aşağılanmış hissedersiniz.

Semion Vinokur

KEHANET

Midraş şöyle devam eder: "Bir gün Nemrut'un astroloğu saygıyla tahta yaklaşıp, kralın önünde eğildi, 'Yüce efendimiz, hükümdarlığınızın büyük bir tehdit altında olduğunun haberleriyle geldik. Yıldızların öngördüğüne göre, çok yakında krallığınız içinde sizin tanrısallığınızı inkâr edecek ve sizi yenecek bir oğlan çocuğu doğacak.'"

Nemrut'un astroloğu, egonun içindeki sizin kendi korkularınızdır. Korku sizin temelinizi, Nemrut'unuzu sallayan şeydir. Bu korku daima doyumunuzdur ve başarınızla ilgili endişelenmenize sebep olur ve her geçen gün fazla, daha fazla istemenizi sağlar. Dahası bu bitmez tükenmez kendinizi doyurma güdüsü sizi kesinlikle, "bir gün Nemrut'u yenecek bir oğlan doğdu" noktasına getirir.

İçinizde doğacak bu oğlan çocuğu kimdir? Bu bir sonraki derecenin tomurcuğudur. Nemrut olmanın mutsuzluktan başka bir şey olmadığını anlayan aynı Nemrut'tan, kendi "Ben-inizden" doğar. Daima endişeli olduğunuzdan, birdenbire hayatınızın bulutsuz olmaktan çok uzakta olduğunu idrak edersiniz. Nedir bu endişeler? Saldırılardan kendi "ben-inizi" korumakla, en tepede, tahtınızda kalmakla ve başkalarının yıkımı üzerine kendinizi kurmakla ilgili endişeleriniz.

Ancak, sizi tehdit eden herkesi yok edemezsiniz. Aksi takdirde, kime hükmedeceksiniz ki?

Egonuz, etrafınızdakilere tamamen ve kesinlikle bağımlıdır ve bunun pek çok örneğini görürüz. Örneğin, mutlak mutluluklarının göstergesi mükemmel gülüşe sahip, sinema sanatçılarını ya da diğer ünlüleri ele alın. Gerçekte böyle midir? Daha çok kazanmak için basına, yapımcılara, yönetmenlere ve halka oldukça bağımlıdırlar. Ama sıklıkla egolarının onları koyduğu mağaradan çıkma yolunu bulma çabaları nedeniyle ilaç ve alkol bağımlılığıyla mücadele ederler.

"Nemrut" güçtür, daima tapılmayı talep eder. Ego sürekli mırıldanır, "Başkalarının sana saygı duyması için ne gerekiyorsa yap."

Çevrenizi yok edemezsiniz. Onların "ben-ini" silemezsiniz. Yapabilecek olsanız bile yapmazsınız çünkü o zaman etrafınızda hükmedecek kimse kalmaz. Her şeyden önce, sürüyü güdebilme üstünlüğünüzü göstermek istersiniz. Ama hayır, aslında entelektüellerle çevrilmek istersiniz, istediğiniz şey önünüzde eğilen koyunlar değil, onlardır. Nemrut inanılmaz derecede başkalarına bağımlıdır. Onlara destek olmak, ödeme yapmak, beslemek ve aynı zamanda baskılamak zorundadır.

Aslında, ego özellikle başkalarını baskıladığında yükselir. Böylece onun bir sonraki derecesi kendi bağımlılığını, zafiyetini ve kırılganlığını keşfettiğinde açığa çıkar.

Bu sürece "Nemrut'taki kötülüğün farkındalığı" denir. Sonunda özgürlüğünüzün bir şekilde kısıtlandığını hissettiğiniz andır.

Herkese bağımlısınız. Bu kralların, başkanların ve güçlü olan herkesin sorunudur. Aslında her insanın sorunudur. Daima her koşulda tepede olacağınız bir piramit inşa etmek zorunda kalırsınız. Çocuklarımızın, karımızın, akrabalarımızın, iş arkadaşlarımızın, otobüsteki yolcuların hatta size havlayan komşunuzun köpeğinin bile, saygısını kazanmak zorundasınız. Fakat daha ne kadar bu oyunu sürdürebilirsiniz?

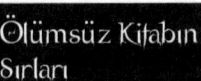

Semion Vinokur

Sonraki dereceniz İbrahim'dir. O özgürlüktür, o yükseliştir, o tüm acılardan sonra gelen yenilikçi bir fikirdir ve almanın değil, ihsan etmenin keşfi, var olmanızın esas amacıdır. O, tüm yalanları ve aşırılıkları bir kenara atar! Bu içinizde, Nemrut'unuzdan yükselen yeni derecedir.

Şu açıktır ki İbrahim, Nemrut olmadan var olamaz. Nemrut, İbrahim'den önceki derecedir. Nemrut, yeni bir doyum sistemi bulmadıkça ve kendinin üzerine çıkmadıkça, kaderinin kendi yıkımı olduğunu anlayan, yüksek egodur.

Hikâyemize devam edelim. "Bir gün Nemrut'un astroloğu tahta yaklaştı ve kralın önünde eğildi." Nemrut'un astroloğu kim? Onlar bencil yaşantınıza eskiden olduğu gibi devam edemeyeceğinizi söyleyen güçler. Onlar gelecek aşamayı, İbrahim'in aşamasını öngören, tahmin eden ve bekleyen aracı güçlerdir.

İçinizdeki astrologlar, Nemrut'la İbrahim arasındaki aracılardır.

"Yıldızlar, çok yakında tanrısallığınızı inkâr edip sizi yenecek bir erkek çocuğun, krallığınızda dünyaya geleceğini öngörüyor." "Yıldızlar" neyi sembolize ediyor? Bunlar içsel gelişiminizin güçleridir. Onları reddetmek yararsızdır. Kral Nemrut'un kendisi bile olsanız, onların dediği olur. Onları engelleyemezsiniz. Er ya da geç, öyle ya da böyle, ego özgeciliğe yol açacak ve siz mutlu olacaksınız. Manevi dünyayı ifşa edecek ve onun yasalarını kabulleneceksiniz. Onların sizi yönlendirdikleri tek amaç budur, ne yapıyor olursanız olun, sizi oraya götürecekler!

Nemrut danışmanlarına döndü: "Korunmak için ne öneriyorsunuz?" Cevap hemen geldi, "Yeni doğan tüm erkek çocuklarını öldürme emri verin!" "Ne harika bir öneri! Hemen mimarlarla bir toplantı ayarlayın. Tüm hamile kadınlar için özel evler inşa etmelerini istiyorum. Sadece kız çocukların yaşayacağından emin olmak zorundayız."

Korkmayın değerli okuyucular ama burada neler olduğunun içsel anlamını da anlamaya çalışın. Başlangıç olarak "oğlan çocuk" ya da "oğul" kelimelerinin, İbranicede Ben olduğunu açıklığa kavuşturalım. Ben kelimesi, Mevin ("anlayış" ya da "edinim") kelimesinden türemiştir. Neyin edinimi? Yeni derecenin. İşte Nemrut'un en çok korktuğu, gücünü tehdit eden şey. Kendini koruma altına almak için ego, alegorik bir anlatımla yeni doğan oğlan çocuklarının öldürülme hükmünü vermiştir.

"Geride sadece kızların kaldığından emin olmak zorundayız." Kızlar, kız çocukları, içinizdeki dişi kısım, alma arzusunun kişiselleştirilmesidir. Bu sebeple Nemrut, kadınların kız çocuk dünyaya getirmesinden oldukça hoşnuttu. Diğer bir deyişle, içinizde daha çok arzu belirdiğinde, Nemrut'un tahtına, büyüyen otoritesine ve yönetimine daha fazla eklenti yapmış olursunuz ki Nemrut bundan şikâyet etmez.

Onun için sorun olan şey, İbrahim dediğimiz yeni doğan arzuları doyurma ve haz almanın yeni metodudur.

Bir an için kendimize dışarıdan bakıp inceleyelim. Arzularımız büyür yani kız çocukları içimizde doğar. Fakat bir gün arzularımızın niteliksel olarak değiştiğini fark ederiz. Önceki hazlarımız artık bizi tatmin etmez. Elimizde birayla kanepeye uzanıp, televizyon seyretmek bize yetmemeye başlar. Para kazanmak aynı tadı vermez. Büyük patron olma hazzı önemini yitirir ve başarı bizi tatmin etmeye yetmez.

Bu demektir ki arzularımız sadece büyümez aynı zamanda niteliksel olarak da değişir ve şimdi başka bir hazzın peşinden koşarız. Bunu isteriz ama bir taraftan da korkarız çünkü hayatımızın alt-üst olacağını düşünürüz. İçimizdeki

Ölümsüz Kitabın Sırları

Semion Vinokur

Nemrut asileşir! Tüm benzer düşüncelerin yok olması gerektiğine hükmeder.

Onları yok edebilir miyiz? Nemrut'umuzdan, doymamış egomuzdan yeni bir nesil doğar ve bu süreç durdurulamaz! İçimizdeki kızlar (arzular) ve oğlanlar (onları doyurma yolları), yeni bir dereceye ulaşır. Kabala'da buna içimizdeki Bina derecesi denir. Bina ihsan etme, sevgi ve rahmet derecesidir. Bu süreçle, bu derecede sonsuz hazzı hissedeceğimizi anlarız. Aslında sonsuzluğun kendisini hissederiz.

İç Nemrut'unuzu dinleyin. Size şunu söylüyor: "Tamam, ihsan etmek istiyorum. Ama sadece kendime haz vereceği için bunu yapacağım." "Kendimi iyi hissedeceğim" Nemrut düşünür, "İçimdeki Bina'nın ihsan etme ve sonsuz haz kısmını kullanacağım fakat bunu kendi faydam için yapacağım. İhsan ederim, gerçekten, ama sadece bana haz verdiği sürece!"

Bu hepimizin içinde olan Yaradan'ın kıvılcımlarını, sevginin kıvılcımlarını kendimiz için kullanmaktır. "Oğlan çocuklarını öldürmek" dendiğindeki anlam budur, tüm Işığı -yükselişin muazzam enerjisini almak- kendi doyumumuz için almak.

Fakat bu boşuna bir çabadır, içinizdeki Nemrut akılsızlığını fark etmek üzere. Henüz tam olarak idrak edemedi ve bu sebeple kızların (yeni derecenin arzuları) doğumundan hoşnut, ama İbrahim'in doğmaması için savaşıyor. Şimdilik planının işleyeceğinden emin.

Nemrut'un en güvenilir soylularından biri olan Terah, şakacı bir şekilde sordu: "Karımı bu binalardan birinin içine koymayı düşünmüyorsun, dimi? Çünkü o hamile."

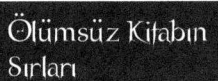

"Senin ev halkından bahsetmiyoruz, Terah," dedi kral, "tüm danışmanlarımın içinde en güvenilir sensin çünkü."

Terah, "en güvenilir soylu," Nemrut'un sağ kolu, egonun idolü. Böylece içinizdeki ego büyür ve Terah haz almaya devam etmek için, büyüyen egoyu idare etmenin yeni bir yolunu bulmak zorunda kalır.

Terah, arzuyu doyurma metodunu temsil eder. Dolayısıyla içinizdeki İbrahim'in babası, Terah'la biraz daha zaman geçireceğiz.

Ölümsüz Kitabın Sırları

Semion Vinokur

İÇİNİZDEKİ İBRAHİM'İN DOĞUŞU

İbrahim'in doğuşu Terah'da yer alan içsel bir devrimdir. Nemrut'u doyurma metodudur. Bu olay, büyüyen egonun yeni derecede, önceden olduğu gibi kendini doyurmasının imkânsız olduğu unsurunu sembolize eder. Doyum metodunun esaslı bir değişime ihtiyacı vardır. Bu köklü değişim İbrahim olarak bilinir.

Böylece Terah, İbrahim'in babası olarak içindeki Nemrut'u, egosunu doyurma metodunu tamamen yenilemiş olur.

Bir sabah, Nemrut'un astroloğu bir kez daha kralın karşısına çıkar. "Tehdit henüz giderilemedi Kralım! Terah'ın evinin üzerinde her yönden göğü parlatan bir yıldız gördük. Doğuda, batıda, kuzeyde ve güneyde, dört tarafta birden. Bu açıkça krallığımıza hükmedecek olan Terah'ın oğlu!"

İçinizdeki "gökyüzünde parlayan yıldız" İbrahim'in ihsan etmek için bekliyor olmasının işareti. Egoist niyetten, tam ihsan etme niyetine doğru değişim. Bugünden itibaren, İbrahim'in metodu egonun gelişiminin dört aşamasına yani tüm arzularınıza hükmedecek.

"...her yönden göğü parlatan bir yıldız. Doğuda, batıda, kuzeyde ve güneyde dört tarafta birden." İbrahim'in doğduğu andan itibaren, egonun derinlerinde daha önceden sizi doyurmuş olan her şeyin anlamsız olduğunu anlamaya başladınız. Sahip olduklarınız artık sizi tatmin etmiyor; yaşam tadını kaybetti ve hazlar boş. Açıkçası buradan çıkış için bir yol arıyorsunuz.

Yeni bir yaklaşımın (yıldız) içinizde doğması bu şekildedir. Arzunuzu doyurmanın yeni bir yolu, hayatınızda yeni bir sayfa açan metottur ve içinizde yaratılan yeni arzuları (kuzey, güney, batı ve doğu) aktive eder. Sizin için mutlu bir zamandır çünkü içinizde ihsan etme niyeti uyanmaktadır.

Semion Vinokur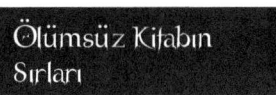

Midraş, Terah'ın oğluna İbrahim adının verildiğini söyler. Ama zaten siz içinizdeki İbrahim'in doğduğunu biliyorsunuz. Bu hikâyenin gerçek ve tek anlamı budur.

Semion Vinokur

MAĞARADAKİ KEŞİFLER

İbrahim'iniz için sağlamak zorunda olduğunuz ilerleme koşulları nelerdir? Onu bir mağaraya koymalısınız. Şöyle söyler Midraş: "Terah onun bir mağarada saklanılması emrini verdi." Yeni doğan İbrahim'in (ihsan etme niyeti) bir mağarada saklanması ne anlama geliyor? Yeryüzünde, kendi egonuzun içinde İbrahim'in gelişebileceği özel bir yer (Bina, içinizdeki Yaradan'ın parçası) yaratmak.

Diğer bir deyişle, nefret ve kötü niyetlerle dolu, herkesin birbirini kişisel kazanç için yok etmeye çalıştığı bu materyalist, egoist dünyada kendiniz için bir mağara kurmaya ihtiyacınız var yani özel bir çevre inşa etmelisiniz. Maneviyata özlem duyan sizinle hemfikir dostlar, manevi dünyaları anlatan kitaplar ve sizi amaca yönlendirecek rehber bulmalısınız. Eğer bunu yaparsanız bu demektir ki yeryüzünde bir mağara oluşturdunuz.

Nuh'un da -en küçük egoist seviyeden doğan ilk manevi arzu- aynı yaklaşımda olduğunu hatırlayın. Yaratılış kitabının belirttiğine göre, Nuh suların üstünde yüzen ve onu kurtuluşa götüren gemiye bir mağaraya girer gibi girdi. Bu şekilde egoist dünyanın değerleriyle yaşamaktan kaçmış oldu. Daha sonra sel sularıyla arınmış yeryüzüne ayakbastı.

Şimdi de egonun yeni bir derecesi açığa çıktı. Tarih kendini tekrarlıyor, tek fark içinizdeki İbrahim'in gemide değil bir mağarada şekilleniyor olması. Özel bir ortamda büyüyor, bu sebeple şöyle yazılmıştır: "Genç İbrahim, insanlardan uzakta bir mağarada büyüdü. Sadece üç yaşındayken sahip olduğu olağanüstü akılla Yaradan'ı bildi."

Neden "üç yaşında"? Bu içinizdeki İbrahim'in ilk gelişim aşamasını anlatır. Bu onun doğum sürecidir. Daha önce söylediğimiz gibi, egonun gelişiminin en tepe noktasında, maneviyatı hissetme metodu içinizde doğdu. Bir sonraki aşama "himaye."

"Mağaradayken" sizin iç İbrahim'iniz, büyük bilgelerin kitaplarını okuyarak, hocasının rehberliğini izleyerek, çevresinin himayesi altında büyür. Üçüncü aşama (üç yıl), Bina aşamasını, anlayışı, maneviyatı ve bu dünyadaki her şeyin Üst Güç tarafından yönetildiğinin hissini temsil eder.

İçinizdeki İbrahim bu anlayışa gelir. İbrahim'inize tutunun; o sizi götürmesi gereken yeri bilir.

Şöyle yazılmıştır: "Dahası o bunu kendi başına yaptı, gözlem ve muhakeme yoluyla bu sonuca ulaştı." Gözlem içinizdeki Bina niteliğinin, Yaradan'ın niteliğinin süregelen gelişimidir. Bildiğiniz gibi, Bina kelimesi, "anlayış" olarak çevrilen, Mevin ya da Havana kelimesinden türemiştir.

Bu şekilde metot gelişmeye devam eder. İbrahim aşaması, Bina derecesi, içinizde işler ve siz gittikçe, gittikçe Yaradan'a daha çok yaklaşırsınız.

"Belki de yeryüzüne tapmalıyım," diye düşünür, "İnsan onun meyveleriyle beslenmiyor mu? Ama yeryüzü henüz o kadar güçlü değil ve yağmur veren göğe bağımlı. O halde göğe mi tapmalıyım? Şu açık ki göğe de sıcaklığı ve ışığıyla dünya yaşamını sağlayan güneş hükmediyor."

İbrahim kendini güneşin önünde güçsüzleştirdi. Fakat akşam olup güneş yerini aya bıraktığında, ayın daha az yüce olmadığını düşündü ama ay sadece geceleri ışık veriyordu dolayısıyla bu düşünceyi de terk etti.

İçsel aşamalarınızdaki değişimler sayesinde ilerlemenin mümkün olduğunu anladınız: her şeyin apaçık ve manevi amacın hayatınızdaki en önemli şey olduğu, "günden", şüphelerin geldiği ve egonun suratına bir şaplak atma gücünü

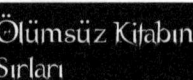

Ölümsüz Kitabın
Sırları

Semion Vinokur

bulmak zorunda olduğunuz "geceye." Karanlık ilerlememiz için gereklidir. Nemrut'tan Terah doğar, Terah'dan İbrahim ve bu böyle devam eder.

Ve siz tüm bu aşamalardan geçerek arınırsınız. Gece, günle yer değiştirir, arkasından tekrar gece geldiğinde artık farklı bir anlayış aşamasındasınızdır. Böylece İbrahim'inizle birlikte dünyaya hükmeden tek gücü algılarsınız ve bu güç sevgi ve ihsanın -Yaradan'ın- gücüdür. İbrahim ise onun kıvılcımıdır.

Gözlemleriniz sonucunda elde edeceğiniz en önemli şey, egoizmin kötü olmadığıdır. Egoizmi kendi faydanız için kullanmak kötüdür. Eğer onu başkalarının yararı için kullanırsanız, onu kötü olarak algılamayı bırakırsınız. Bu tıpkı ölü derinizi soymak gibidir, egonuz yapıcı hale gelir ve bu yapıcı doğanızdan haz almaya başlarsınız.

Peki, ne değişti? Niyetiniz değişti. Ego yıkıcı olmayı durdurdu ve yapıcı hale geldi. Şunu anladınız ki "ben-iniz" ihsan etmekten hoşnut. İçimizde uyanan hazlar şimdi ebedi ve hiç tükenmiyor çünkü onlar ihsan etme arzusunu yok etmiyor.

Bunu "İbrahim" denilen tek bir niyet gerçekleştiriyor -size mutlu olma yolunu sunuyor. Şimdi arzunun ve niyetin özünün birbirinden tamamen farklı olduğunu anlıyorsunuz. Niyet düşünceyle ilgiliyken, arzu onun maddesel göstergesiyle ilgili.

İçinizde bu iki gücü tanımladığınız ve sınıflandırdığınız an, manevi kabınızın oluşmakta olduğunu açıkça hissedeceksiniz. Kendinizi arzulardan ziyade niyetlerle tanımlamaya başlayacaksınız.

Dünyaya, diğer insanlara ve etrafınızdaki her şeye karşı tavrınız belirgin bir biçimde değişecek. Bu değişimi, iki önemli konuda başınıza gelen her şeyi sınıflandırma becerinizin sonucunda elde edeceksiniz: "Benim arzum" ve "benim niyetim." Kendinize şunu söyleyeceksiniz: "Sadece niyetimle çalışacağım ve arzularımı dikkate almayacağım. Arzularımın ne olduğuyla ilgili bir nebze bile ilgilenmiyorum. İnsanların arzularıyla yargılandığı bu aşamadan yükseleceğim. Bu artık bana göre değil. Ben kesinlikle niyetlerle ilgiliyim."

Üzerinde hiç kontrolünüzün olmadığı arzuların değil, niyetin idraki sizin temelinizi oluşturur. Dünyayı ve tüm evreni başka gözlerle görmenizi sağlar. Dünya görüşünüz temel bir değişimden geçer. Bir alıcıdan, gerçek dünyayı -Üst Dünyayı- görmeyi başaran bir vericiye dönüşürsünüz.

İbrahim her şeyin arkasında Yaradan olduğu sonucuna erişti: "Onlara rehberlik eden yüksek bir zekâ mevcut olmalı."

Bir arzu üzerinde nasıl iki niyetin var olduğunu görüyorsunuz. Bu iki niyet içinizde savaş halinde. "Sadece kendiniz için" olan eski niyetinizin, egoizminizin kökünün yok olmayacağını da aklınızda tutmak önemlidir. Aksine her şey onun üzerine kurulmuştur. Devasa egonuz kaybolmaz fakat İbrahim'in metoduyla farklı bir biçimde doyum alır. Bu iki niyeti edinerek, Yaradan'ın tekliğini edinirsiniz. Bu tekil Üst Güç, kesinlikle her şeyin temelidir: gece ve gündüz, alma ya da ihsan etme niyeti -her şey bu gücün konusudur.

"Yaradan'ı göremedim" dedi İbrahim, "fakat yüce ve merhametli bir Tanrı'nın bu muhteşem dünyayı yarattığını ve O'nun tanrısal zekâsının bu dünyayı ayakta tuttuğunu biliyorum. O'na tapacağım!"

Egoist aşamanızdayken bu muhteşem dünyayı göremezsiniz çünkü daima kendiniz ve egoyu doyurmak için endişelisinizdir. Sürekli olarak para, ün veya güç gibi doyumların peşinden koştuğunuz bir dünya nasıl harika olabilir ki? Ego büyümeye devam eder ve siz daha fazla para, daha fazla ün ve daha fazla güçle onu bastırmaya devam etmek zorundasınız!

Oysa İbrahim'in gördüğü dünya harika bir dünyadır. Eğer ihsan etme niyetiyle hareket ederseniz siz de bunu pekâlâ görebilirsiniz. Egoizminizi doğru kullanırsanız, onun üstüne çıkabilir ve geleceği, ilerdeki yaşamınızı görmeye başlayabilirsiniz. Tüm niyetiniz ihsan etmektir. "Muhteşem bir dünya görmenin" anlamı budur; ihsan etmek için almak.

İbrahim, içinizdeki mutlak ihsan olan Bina derecesi. Bu derece şunu söylüyor: "Hiçbir şeye ihtiyacım yok; sadece ihsan etmek istiyorum."

Peki, bu aşama gerçekten mükemmel mi? Kendinize şunu sorun: "Üzerine yükseldiğim ego nerede? Ona ne oldu? Bu eylem sonucunda onu doyuramıyorum ama onu kendimden uzaklaştırıp, üzerinde yükseliyorum. Bir egoist olarak doğduğumdan, onu kullanmasını öğrenmek zorundayım."

Bu şekilde, bir sonraki dereceyle İbrahim'in ödüllendirilmeyi talep edeceğinden emin olarak, egoist doğanızla, İbrahim'inizi nasıl bir araya getireceğinizi bilmek istiyorsunuz. İbrahim ısrar eder, "Mutlak ihsan etme arzusunu gerçekleştirme şansını bana ver, bana bir oğul ver, böylece bu derecede ihsan yoluyla egomu doyurmayı öğrenebileyim!"

"Yaradan'ı göremedim," dedi İbrahim, "fakat sadece yüce ve merhametli bir Tanrının etrafımdaki bu muhteşem dünyayı yarattığını biliyorum."

"Yaradan'ı göremedim" ne demek? Bu şu demektir, İbrahim'e bağlanarak, içinizdeki rahmet (Hassadim) niteliğine bağlanıyorsunuz. Bu dünyanın, egonuzun üzerine çıkma becerisini kazanmış durumdasınız. Egoyu adeta

Semion Vinokur

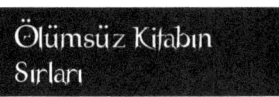

kenara itiyorsunuz. Bu nedenle İbrahim biliyor, fakat Yaradan'ı "görmüyordu."

Peki, Yaradan'ı ne zaman "görebileceğiz"? Yalnızca Yaşam Işığı (Or Hohma), içinize girdiğinde. Bu ne zaman olacak? Bu, içinizdeki İbrahim yeni dereceler edindiğinde, egodan kaçmayıp onu doyurmanın başka yollarını bulduğunda yani İbrahim'in "oğulları" doğduğunda olacak. Diğer bir deyişle, insanın gerçek amacını gerçekleştirecekler: Yaradan'ın onlar için hazırladığı tüm hazları almak.

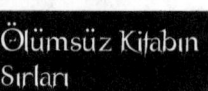

Semion Vinokur

PUTLAR VE YARADAN ÜZERİNE

İbrahim'in babası Terah put satardı, İbrahim de insanların onları almaması için elinden geleni yapardı: "Bir gün babası bir yere gitmek zorunda kaldı ve dükkânını ilgilenmesi için artık büyümüş olan İbrahim'e bıraktı."

Oğluna talimat verdi: "En büyük put için en yüksek fiyatı istemelisin. Eğer önemli birisi içeri girerse, ona büyük putları teklif et, eğer önemsiz biri gelirse, ona küçük putları teklif et." Sonra ayrıldı.

Bir zaman sonra, etkileyici, geniş omuzlu bir adam dükkâna girdi. "Sunağıma uygun şu büyük putu bana ver!" İbrahim rafın üzerinde bulabildiği en büyük putu ona uzattı, adam cüzdanından yüklü bir para ödedi.

"Kaş yaşındasınız" diye sordu İbrahim.

"Elli" diye yanıtladı adam.

"Sadece bir günlük bir puta tapmaktan utanmıyor musunuz? Babam onu daha dün yaptı." dedi İbrahim.

Adam utandı, parasını geri alıp, dükkândan çıktı.

Yaşlı bir kadın içeri girdi. İbrahim'e bir gece önce hırsızların evine girip, tüm putları çaldığını söyledi.

"Gerçekten öyle mi oldu," dedi İbrahim. "Eğer putlarınız kendini hırsızlardan koruyamıyorlarsa, sizi koruyacaklarını nasıl umut ediyorsunuz?"

"Haklısın" dedi kadın. "ama o zaman kime hizmet edeceğim?"

"Göğün ve yeryüzünün Yaradan'ına, beni ve tüm insanları yapana" dedi İbrahim.

Kadın bir şey almadan dükkândan çıktı.

Semion Vinokur

Putlara sunmak için elinde bir kâse unla başka bir kadın geldi. İbrahim eline bir çekiç alıp en büyüğü hariç diğer putların hepsini kırdı. Terah dönüp, dükkânındaki yıkımı görünce, bağırdı: "Burada ne oldu?"

"Senden gerçeği saklamam için bir sebep yok," dedi İbrahim. "Sen gittikten sonra, bir kadın geldi ve putlara un sundu. Putlar kim önce yiyecek diye aralarında kavga etti. En büyük put çok kızdı, çekici eline alıp, hepsini kırdı."

"Bu çok anlamsız" dedi Terah kızgınlıkla. "Çok iyi biliyorsun ki putlar yemez, hareket etmez ve konuşmaz."

"Bu doğru mu?" dedi İbrahim. "Eğer söylediklerin doğruysa, neden onlara hizmet ediyorsun?"

Burada İbrahim harekete geçiyor. Küçük ya da büyük, erkek ya da kadın tüm arzularınıza, üzerinizde işleyen egoyu anlatmaya başlıyor. Bu ilk kez İbrahim'in bir öğretmen olarak içinizde ifşa olmasıdır. Size şunu söyler: "Ego sizi koruyamaz; sizi yükseltemez ve doyuramaz. Bu mümkün değil!"

Burada ilginç olan, bir egoist olan İbrahim'in egoist arzuların asla doyurulamayacağını söylüyor ve kendini doyurmak için farklı yollar arayan egoyu kendine çekiyor olması. Kendini mutlu etme arayışı kuşkusuz egoisttir fakat özellikle de bu arayış sizi Yaradan'a yaklaştırır. Esasında ego kendini yıkma yoluna isteyerek çıkar.

Büyük Kabalist Baal HaSulam, insanın içindeki boşluğun (haz eksikliği) nasıl ortaya çıktığını ve "Ne için yaşıyorum?" "Hayatımın anlamı ne?" sorularını sormaya başlamasını açıklarken de aynı şeyi söylüyor. Egoist olmasına rağmen bu sorular insanı, arzularını farklı şekilde kullanma arayışına getirir ki onlar egoist olmaktan çıkar. Bu şekilde ego kendisini doğru kullanıma getirir.

Ölümsüz Kitabın Sırları

Semion Vinokur

Bu içinizde neden ve nasıl gerçekleşir? Bu olur çünkü siz kalpteki noktası uyanmış özel bir insansınız. Hepimizin içinde yaşayan Bina niteliğine sahipsiniz. Başka şekilde bu kitabı okumaz, ilk birkaç sayfasından sonrasına geçmezdiniz! Buna neden olan içinizdeki "insan" (Âdem) denilen Bina noktası.

Böylece Bina niteliği gittikçe egonuza değmeye ve onu doğru kullanmadığınızı size söylemeye başlar. Bunu yapan içinizdeki İbrahim'dir. "Doğanla doğru şekilde çalışmıyorsun, bu şekilde o seni koruyamaz ve sana bir şey veremez. O çamurdan yapılmış diğer putlar gibi cansızdır."

Midraş'a tekrar dönelim: "İbrahim bir çekiç alıp en büyüğü haricinde diğer bütün putları kırdı." Terah dönüp, dükkânının durumunu görünce, bağırdı, "Burada ne oldu?"

"Senden gerçeği saklamam için bir sebep yok," dedi İbrahim. "Sen gittikten sonra, bir kadın geldi ve putlara un sundu. Putlar önce yemek için aralarında kavga etti. En büyük put çok kızdı, çekici eline alıp, hepsini kırdı."

"Bu çok anlamsız" dedi Terah kızgınlıkla. "Çok iyi biliyorsun ki putlar yemez, hareket etmez ve konuşmaz."

"Bu doğru mu?" dedi İbrahim. "Eğer söylediklerin doğruysa, neden onlara hizmet ediyorsun?"

İçinizdeki Terah, hangi putlara taptığını fark eder. Gerçeği kabul edelim, asla doyuramayacağınız egoyu ilahlaştırdığınızı çok iyi anladınız. Tüm bu arzuların, Işığın içine giremediği cansız arzular olduğunu anladınız. İçinizdeki Terah, bu arzuların size hükmettiğini ve onlardan kaçamayacağınızı anlar.

Aynı zamanda İbrahim'in Terah'dan sonra gelen derece olduğunu da anladınız. Bunu anlamak önemlidir. Bir egoist olarak doğduğunuzu ve doğanızın üstesinden gelmek için tek yapmanız gerekenin içinizdeki İbrahim'i, Yaradan'ın sevgi niteliğini, ihsan etme arzusunu uyandırmak olduğunu anladınız.

Bu iki güç birbiriyle savaşır. Biri, bunun sizin dünyanız olduğunu, herkesin böyle yaşadığını ve bundan kaçış olmadığını söyler. Bu şekilde doğduk, o yüzden ne kadar sığ ve geçici olurlarsa olsun, "putlar" satmaya ve almaya, yani haz almak için egonuzu kullanmaya devam etmek zorundasınız. Oysa diğer güç, tüm bunların -egoyu ilahlaştıran dünyanın- yalan olduğuna ve tüm hazların ve "putların" hiçbir şekilde Yaradan'a bağlı olmadığına sizi ikna eder.

Bu dünyadaki her şeyin içinde ve arkasında Yaradan olduğunu görmezsiniz. Fakat yine de önemli bir derece olan İbrahim derecesini kabullenmeye hazırsınızdır; var olan her şeyin hissini edinmenize yardım edeceğini anlarsınız.

Midraş, kralın askerlerine İbrahim'i bulma emrini verdiğini yazar. İbrahim ve Terah bir kalede ortaya çıkar. "Nemrut tahtına oturdu." Kim tahta yaklaşırsa kralın önünde eğilmek zorundadır fakat İbrahim taht odasına girdiğinde ayakta dimdik kaldı.

Nemrut tahtında oturuyordu çünkü bu sizin sadece kendisi için var olan doğanız, sizin "ben-iniz," özünüz. Fakat İbrahim kendi arzuları için başkalarını yok eden bu ideolojinin önünde eğilmek istemez.

Doğasının haz alma arzusu olduğunu kabullenir. Ancak, bu arzuyu kendinden ziyade başkaları için kullanmak ister. İhsan etmeyi öğrenmek ister. Ve şimdi siz onunlasınız. Bu sizi adım adım, "Kendini ülkenden çıkart" denilen aşamaya getirerek egoist arzudan uzaklaştıracak. Bununla ilgili daha sonra konuşacağız fakat şimdilik egonuzdan kurtulmaya

Ölümsüz Kitabın Sırları

Semion Vinokur

başlıyorsunuz. Artık herhangi bir egoist haz almayı arzulamıyorsunuz.

Doğanızın üzerine çıkarak, bu amacı edindiğinizde ve İbrahim'inizle bağ kurduğunuzda, yeni ve daha karışık bir aşama başlayacak. O aşamada egonuzla bağ kurmak zorundasınız fakat farklı bir niyetle. Başkalarına ihsan etmekten hoşnut olacaksınız.

Şimdilik, İbrahim ve Nemrut'unuz arasında bir tartışma var. Midraş'a göre, Nemrut şöyle der, "Benim hükmüm güneşe, aya ve yıldızlara uzanır!"

İbrahim cevap verir, "Her gün güneş doğudan doğar ve batıdan batar. Yarın güneşin batıdan doğup, doğudan batmasını emret... ya da (eğer o kadar güçlüysen) bana başka bir şey göster. Şimdi bana ne düşündüğümü ve ne yapmayı planladığımı söyle." Sonunda İbrahim tüm soyluların huzurunda şöyle der: "Sen tanrı değilsin!"

"Muhafızlar!" diye bağırır Nemrut, "bu adamı hemen zindana atın!"

Burada olan şey, İbrahim'inizin Nemrut'a egonun ne kendini ne de Doğayı kontrol edemediğini ve tanrı olmanın tüm güveninin bu gücü kontrol etmeye yetmediği göstermek istemesidir.

Kontrol edebildiğimizi düşünürüz oysa gizlilik aşamasındayız. Kısa bir süre önce nasıldınız bir düşünün. Tamamen kontrolü elinde tutan ve özgür seçim yapabilen biri olduğunuzu düşünüyordunuz değil mi? Şimdi İbrahim kaderiniz üzerinde hiçbir kontrolünüzün olmadığını açığa çıkararak, bu aldatmacayı ifşa ediyor. Aslında bu Nemrut için bir devrimdir.

Şu gerçektir ki, İbrahim olmadan gerçek sınırlarınızı görmeniz mümkün değildir. Ve bunun keşfi pek de hoş değildir!

ZİNDAN

İbrahim on yıl zindanda kaldı.

Sevgili okuyucu, sizi temin ederim ki hayatta olan her şey sizin iyiliğiniz içindir. Bu dünyadaki tüm yaşamınız, Yaradan'a giden bireysel yolculuğunuzdan başka bir şey değildir. O sizi Kendine çeker.

İbrahim'in atıldığı zindan gelişiminiz için en uygun aşamadır. İbrahim'iniz egosuna umutsuzca bağlı olduğunu anlamak zorundadır. Bunu kavramsal olarak anlayarak değil, gerçekten hissederek ilk elden deneyimlemelidir! Ve bunu hissetmenin ve özgürlüğünüzü çalan karanlık gücü görmenin tek yolu, kendinizi "yeryüzünün derinliğine," zindana -kendinizi kötü ve tutsak olarak hissettiğiniz, egonuzun en karanlık ve en içteki kısmı- koymaktır. Bu ancak egonun zindanında yapılabilir.

"Yeryüzü" (Eretz), kelimesinin arzu (Ratzon) kelimesinden türediğini bir kez daha söylemek isterim. Diğer bir deyişle yeryüzünün içine dalmak, arzuların derinine inmektir. Bu egodan uzakta yaşamak ve hissetmek isteyen İbrahim'iniz için önemli bir deneyimdir.

Burada İbrahim, egosunu bırakamayan herkesin geçmesi gereken bir aşamadan geçiyor. Tüm gücünüzle egoyu çalıştıklarınızla bağdaştırmaya çalışıyorsunuz; egoist olarak kalmak ama aynı zamanda Yaradan'a bağlanmak istiyorsunuz. Dolayısıyla İbrahim kendini tutsak edilmiş buluyor.

Zindanda kuvvetsiz kalmış gibi hissettiğiniz bu dönem hazırlık aşamasıdır ve oldukça uzun olarak hissedilebilir.

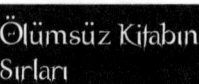

Semion Vinokur

Kabala'da bu aşamaya "Yaradan'ın çift gizliliği" denir. Bunu "tek gizlilik" dönemi izler. Bunlar sizin "tutsaklığınızın" aşamalarıdır.

Üst Gücün varlığını İbrahim'den dolayı biliyor ve doğanızın yenilmez olduğunu idrak ediyorsunuz.

Bu aşamaya "tutsaklık" denir ve özgürlüğünüzü kendi çabanızla değil Yaradan'ın yardımıyla tekrar elde edebileceğinizi anlamaya başlayana kadar devam eder çünkü sadece Yaradan sizi kurtarırsa özgür olabilirsiniz.

Bunu anlamak zaman alır.

Midraş'ın belirttiği gibi, İbrahim'iniz on yıl zindanda kalır. Açıkçası dünyasal yıllardan bahsetmiyoruz çünkü özgürlük bir anda da gerçekleşebilir. On yıl sonra, Nemrut sonunda İbrahim'in yok edilemeyeceğini anlar ve onu bırakma emrini verir.

Semion Vinokur

GERÇEKLEŞMEYEN ÖLÜM

"Nemrut kölelerine, Ur ya da Kalden şehrinde idam için ateş hazırlamaları emrini verdi."

"Ölüm" Işığın uzaklaşmasıdır. "Ateşle ölmek" size verilen bunca Işıkla, hazla sadece kendiniz için almaktan kendinizi alıkoyamamanızdır. Ve bu olduğunda utanç sizi diri diri yakar. Bundan daha kötü bir şey yoktur.

Ve İbrahim'inizi bekleyen budur. O hâlihazırda Yaradan yolundadır. Işığa yakın olmanın mutluluğunu, Sevgi Yasasıyla uyum içinde varoluşu deneyimledi ve şimdi "onu diri diri yakacak" koşullar içinde.

Bir an için hayal ettiğiniz her şeyin size verileceğini düşünün; para, yüksek sosyal statü, güç, ün, sağlık ve hatta manevi edinime doğru ilerlediğinizin hissi. Söyledikleri gibi, "reddedemeyeceğiniz bir teklif" yapıldı. Egoist bağlarla bağlısınız ve size bu teklifi düşünmeniz için üç gün veriliyor.

"Nemrut'un köleleri idam için odunları her iki uca yerleştirirken, İbrahim üç gün boyunca zincirlere bağlı kaldı."

"Üç gün," üç çizgiyi temsil eder. Bu neyi seçeceğinizin şüphesinin üstesinden geldiğinizde gerçekleşir. Şüphe İbrahim'inizi bağlayan zincirlerdir. Daha önce söylediğimiz gibi seçiminiz "mantık ötesi inanç" olarak bilinen sizin orta çizginizdir.

Midraş'ın bu kısmında, İbrahim'in annesi Amathlaah ilk kez karşımıza çıkar. İbrahim'in kulağına fısıldar: "Bir kez olsun Nemrut'un önünde eğilemez misin? O zaman seni affeder sevgili oğlum."

İçinizdeki "İbrahim'in annesi" denilen derece nedir? Anne sizi besleyen egoizm derecesidir. Baba niyeti belirtir ve anne

147

Ölümsüz Kitabın
Sırları

Semion Vinokur

egonuzdur. "Anne ve babanızın" evinden ayrılmadınız, bu sebeple anneniz size yaklaşabiliyor.

Daha önce söylediğimiz gibi, hem doğuştan gelen hem de sizi anne gibi ikna edebilecek şüphelerle dolusunuz. Bu yeni bir manevi dereceye atlamadan önceki son testtir. "Bir kez olsun Nemrut'un önünde eğilemez misin?" "Bir seferde sana vermek istediklerini al." Yani başkalarını dikkate almadan kendin için haz al.

İbrahim reddeder ve bir önceki dereceden kendini son kez olarak ayırır. İbrahim'iniz, babasıyla (önceki ideoloji) ve annesiyle (egonun önceki derecesi) bağı olmadığı kanıtlar.

Bu ayrılık, "Ülkenden, akrabalarından ve baba evinden ayrıl ve sana göstereceğim topraklara git" emrini duyduğu an, ona doğru ilerleyen "ben-inizin" başlangıcıdır.

"Nemrut'un köleleri odun piramidini her iki uçta hazırladı." Nemrut köleleri, egoizminize hizmet eden arzulardır. Sizi bu durumdan kim kurtarabilir? Arzularınız Nemrut'a hizmet ederken siz zayıfsınız. Onlara karşı koyamazsınız! Onları kırmak ve "yakmak" (daha önce belirttiğimiz gibi utançtan) üzeresiniz. İşte o zaman kalbinizin derinliklerinden dua edersiniz. Ve Yaradan cevap verir.

"Yaradan cevap verdi, 'Gökte Benim gibisi, yeryüzünde İbrahim gibisi yok. Onu ateşten kurtarmak için Kendim aşağıya geleceğim!' Ve Yaradan Kendisi, alevlerin İbrahim'e zarar vermemesini sağladı."

Üst Güç sizi bir dereceden diğerine sürükler. Hiç umudunuz kalmadığında, aklınız işe yaramadığında mantık ötesi (egonun sadık hizmetkârı olma düşüncesinin üzerine çıkma) inanca tutunmaya karar veririsiniz.

Bu "mucizenin" olduğu andır (egoizm bakış açısıyla "mucize" maneviyatla bağlantılıdır) ve Yaradan'ın Kendisi sizi bir dereceden diğerine çeker. Bu başka şekilde şöyle de söyleyebiliriz, içinizdeki Bina derecesiyle tanımlanmaya başlarsınız. "Yeryüzünün üzerine", Malhutun üzerine, egonun üzerine çıkarsınız. Ve "ateş" artık size zarar veremez.

"Odunlar meyveyle dolu muhteşem dallara dönüştü." Eğer Işığı kendi hazzınız için kullanırsanız utanç sizi yakar. Ancak, onu ihsan etme niyetiyle kullanırsanız, sizi yakması gereken "odun," sizi doyuracak olan yiyebileceğiniz meyvelere dönüşür.

"Ve İbrahim zarar görmeden, gözleri Nemrut'un üzerinde ayağa kalktı ve kalabalık hayrete düştü." Nemrut korkuyla titreyerek sordu, "Neden hâlâ yaşıyorsun?"

"Alay ettiğin göğü ve yeryüzünü yaratan Tanrı, beni ölümden kurtardı."

Diğer bir deyişle, İbrahim'iniz herkese egoist arzuların üzerine çıkabildiğini gösterdi. Bu size hükmeden kötü doğanızdan kurtulmanın tek yoludur. Ondan çıkabilirsiniz ve artık kimsenin size gücü yetmez.

Kalabalık (tüm egoist arzularınız), Nemrut'un seviyesindeki herkes bunun mümkün olduğunu görür. Egonun hükmü altında olduklarını anlarlar fakat kaçacak yer bulamazlar. Ve şimdi İbrahim onlara yolu gösterir.

"Buz kesilmiş ve korkmuş kral, kendini İbrahim'in önünde yere attı. Tüm danışmanlar da aynı şeyi yaptı. 'Önümde eğilmeyin,' dedi İbrahim, 'Yaşayan Tanrı'nın, Evrenin Yaratıcısının önünde eğilin.'"

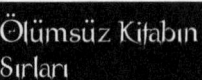

Ölümsüz Kitabın
Sırları

Semion Vinokur

Diğer bir deyişle, edindiğiniz nitelik, kurtuluşun nerden geldiğini bildiğinizden, gururlanmanıza izin vermez ve siz herkesi yaşamın kaynağına, Yaradan'a, ihsan etme niteliğine, Işığa yönlendirirsiniz. "Yaşayan Tanrı" ile demek istenen budur.

Midraş, tüm bu olaylardan sonra Terah ve ailesinin, Harran'a yerleştiğini anlatır.

İBRAHİM'İN EŞİ SARA

"İbrahim, kuzeni Haran'ın kızı Sara ile evlendi. İbrahim'den on yaş küçüktü, ama ondan daha az erdemli değildi ve sonra eşinin peygamberlik ödülünü bile gölgede bıraktı."

Ne zaman Midraş bir kadından bahsetse, "sizin içsel kadınınızdan" (ister kadın, ister erkek olun) bahseder. Dolayısıyla Sara içinizdeki alma arzusunu temsil eder.

İçinizdeki kadın doğru niyette var olmadığında, yıkıcı egoya hizmet eder. Ama bir kez doğru niyet ona tutunursa, kadın yapıcı bir güce dönüşür.

İhsan etme niyeti "İbrahim," Sara ile evlenir ve onu erdemli bir kadına dönüştürür. İbrahim'le birleşerek, Sara -alma arzusu- ihsan etme niyetini edinir ve saf, yüce bir aşamaya erişir. Bu şekilde gerçek mutluluğun anlamını, kendiniz yerine başkalarını düşünmeniz gerektiğini ve gerçek sevginin ne olduğunu anlamaya başlarsınız.

Akabinde Sara, İbrahim'den daha yüce hale gelir çünkü onda İbrahim'de olmayan bir egoizm var, çünkü İbrahim doğası gereği saf. Sonraki nesilleri Sara doğurur.

İbrahim egoist arzuları kendine bağlamaya ve onları arılaştırmaya başlar. O'na en yakın arzu Sara'dır, Sara'yı öğrencileri, sonra oğulları -İshak, Yakup- izler. Bildiğiniz gibi daima içinizde olanlardan bahsediyoruz.

Sara'yla ilgili şöyle yazılmıştır: "O, daha sonra eşinin peygamberlik ödülünü gölgede bırakmıştır." İçinizdeki İbrahim mutlak ihsan dolayısıyla egoizmden ayrı olduğu için, bununla ilgili hiç şüphe yoktur. Ancak Sara, egoist arzularınızın somut örneğidir. İbrahim'le birleşerek, çok önemli bir figür haline gelir.

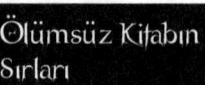

Ölümsüz Kitabın Sırları

Semion Vinokur

Sara, yeryüzüne yakındır. Şöyle yazılmıştır, o (dünyadaki her kadın gibi) "yaşamdan kopmuş" değildir, ama diğer taraftan İbrahim'e de bağlıdır. Bu sebeple Sara anlaşıldığında ve takdir edildiğinde yücelir.

Biz yine Midraş'a dönelim. Şöyle yazılmıştır: "O zamanda İbrahim tam yetmiş yaşına geldi…" Bu içinizdeki yedi Sefirot (Heset, Gevura, Tiferet, Netzah, Hod, Yesod ve Malhut) ve tüm arzular ıslah olur (oğluna inanmış bir önceki derece Terah'ı, kendine ekleyerek) demektir. Her bireysel Sefira, 10 Sefirotu içerdiğinden, toplam yetmiş Sefirot vardır.

Semion Vinokur

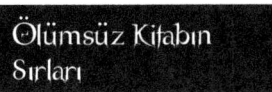

ÖĞRETMEN

İlk kez içinizdeki İbrahim öğretmeye başlar. Sara'yla birleşen ve yetmiş yaşına ulaşan İbrahim, sonunda tamamen işlevsel bir arzu haline gelir. Artık başı bulutlarda değildir çünkü Sara "onu yeryüzüne indirdi." Şimdi içinizdeki insanlara bağlanabilir ve çok fazla eksantrik olmadan onlara öğretmeye başlayabilirsiniz, sizi anlayacaklardır.

İbrahim, ilmi diğerlerine geçirdi ve dolayısıyla pek çok arzuyu kendine bağlayarak, onları ıslah etti.

Bu konuyla ilgili bakın Midraş ne diyor: "İbrahim Harran'da ne yaptı? Halka açık toplantılar yaptı ve onlara tek Yaradan'la ilgili gerçekleri açıkladı... Ondan şüphe duyanlara karşı görüşlerini savunduğu tartışma ortamları yarattı. Ayrıca puta tapınmanın faydasızlığını ispatlayan kitaplar yazdı. Bu şekilde İbrahim'in Yaradan'ın varlığını kabul eden binlerce takipçisi oldu.

Aslında bu daha sonra "İsrail ulusu" olarak adlandırılacak olan içinizdeki tüm özgecil arzuları, İbrahim'in bir araya getirmesidir. "İsrail" kelimesi Yaşar (İbranice, doğru) ve El (İbranice, Tanrı) kelimelerinden türemiştir ve anlamı Yaradan'a Doğru'dur. Bu kavramın dinle, milliyetle ya da ırkla kesinlikle ilgili olmadığını unutmayın. İsrail ulusu (Yaradan'ı amaçlayan arzular) içinizde oluştu (doğduğunuz sınıf ya da ülke ne olursa olsun).

Ayrıca, şöyle yazılmıştır: "İbrahim hiç dinlenmeden dünyayı dolaştı ve Yaradan inancını yaydı." Diğer bir deyişle içinizde sürekli olarak yeni arzuların arayışı ve ıslahı söz konusu.

Semion Vinokur

ÜLKENDEN UZAKLAŞ

Sevgili okuyucu bir süredir Midraş'ın "sayfaları" arasında iyi bir amaç için dolaşıyorsunuz. Onu (İbrahim'in "doğuşu"), hissetmeye başladığınız andan itibaren İbrahim'in hikâyesini bulabileceğiniz tek kaynak Midraş'tır. Midraş, Yaradan'ın İbrahim'i ele aldığı ana kadar, ona olan her şeyi anlatır.

Fakat şimdi yazılı Tora'ya geri dönüyoruz (Midraş, sözel Tora'dır). İlk kez olarak, Yaradan içinizdeki İbrahim'i ele alır çünkü o sonunda O'nun yönergelerini duymaya başlar. Şimdiye kadar, farklıydınız ve bunu algılama becerisinden yoksundunuz ve Yaradan'ın yönergeleri sizin için kabul edilebilir görünmüyordu.

"Tanrı İbrahim'e şöyle dedi: 'Ülkenden, akrabalarından ve babanın evinden ayrıl ve sana göstereceğim topraklara git, seni büyük bir ulus yapacağım ve seni kutsayacağım ve adını yücelteceğim ve sen kutsanacaksın.'"

Bu kendine yeni arzular eklemiş İbrahim'in, yolculuğunun başlangıcıdır: Sara, ev halkı ve öğrencileri. Yolculuk, "ülke dışına, akrabalarından ve babanın evinden uzağa" doğrudur. Diğer bir deyişle tüm bunlardan kopmak zorundasınız.

"Yeryüzünden ayrılmak" demek, henüz ıslah edemediğiniz arzulardan ayrılmak demektir. Onların zamanı gelecek, fakat şimdilik onları arkada bırakıp sadece içinizdeki Yaradan parçası, Bina'ya eklenmiş arzuları koruyorsunuz. Bu arzuları alıp, kral Davut ve kral Süleyman'ın arzularının seviyesi olan "Tapınak" denilen (ilk ve ikinci) manevi dereceye erişeceksiniz.

Bir adım daha atıp şunu da açıklamak istiyorum ki, bir kez onların seviyesini -"yanınıza aldığınız" arzuların tam ıslahı-edindiğinizde, geçici olarak arkanızda bıraktığınız egoist arzular boşluğuna düşmek zorundasınız. Islahı başardıktan

sonra şimdi onları ıslah etme gücüne sahip olduğunuzdan, Nemrut, Terah ve Haran'la tekrar kaynaşmak zorundasınız.

Aslında, yaratılış amacı tüm arzuların tam ıslahıdır. Ancak ondan sonra sonsuzlukla birleşir ve şimdi bile var olan ama ıslah olmamış bir kaba sahip olduğunuz için hissedemediğiniz, mutlak mutluluğu edinebilirsiniz.

Tora'da şöyle yazılmıştır: "Ülkenden uzaklara git." Yani, "Doğduğun ve bugüne kadar yaşadığın yeri terk et, egoist arzuları reddet. Sanki onlar hiç var olmamış gibi, onların üzerinde ilerlemeye başla."

Şöyle devam eder: "...akrabalarından ve babanın evinden..." yani "önceki derecenizden ayrılmak, manevi arayışınıza uymayan eski çevrenizi bırakmak."

"...sana göstereceğim topraklara." Yani, "İçinizde uyanan arzuları kullan. Onlar sizi 'İbrahim' denilen ihsan etme niyetine bağlayacak." Yaradan bu arzuların içinizde uyanmasını sağlayacak ve onları ıslah etmenize yardım edecek. Ve sizi mutlak mutluluk topraklarına yönlendirecek.

"Ve seni büyük bir ulus yapacağım ve seni kutsayacağım ve adını duyuracağım ve sen kutsanmış olacaksın."

Burada söylenen "büyük ulus" nedir? Bununla ilgili sayısız fikir yürütülür. Bazıları bunu Tanrı tarafından seçilmiş bir ulusa yorar, fakat bu doğru değildir. Aslında bu tip bir ayırım ve bir ulusun bir başkası üzerindeki üstünlüğü, özellikle bugünün dünyasında gördüğümüz sorunların temelidir.

Ancak, Tora'nın sadece içimizde var olan arzulardan bahsettiğini anladığımızda her şey berraklaşır ve yerli yerine oturur. "Büyük" kavramı ihsan etme niteliğini edinmiş ve gerçek anlamda başkalarını sevmeyi öğrenmiş kişiyi betimler. Burada gerçek anlamda bir yücelik söz konusudur. Bu kavramı

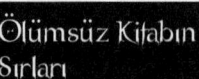

Semion Vinokur

idrak ettiğinizde bu "ulusa" ait olmayı isteyeceksiniz. Aslında nihai amaç tüm dünyayı "büyük" yapmaktır.

"...ve seni kutsayacağım..."

"Kutsama" nedir? Ne zaman yaşamda bir kutsama elde etsek, bunun bize sağlıklı ve işimizde başarılı olmamız için verildiğini düşünürüz. Gerçekte kutsama, egoist dünyaya ait değildir; bizi manevi dünyaya yönlendiren manevi bir kavramdır. Dünyasal meselelerle ilgisi yoktur. "Kutsama" bize inen ve niyetlerimizi ıslah edip onları egoistten özgecile dönüştüren, Işığın gücüdür.

İbrahim'e bağlandığımızdan, bu güce izin verilir. Bir kez buna sahip olduğunuzda, beraberinizde "ülkeden çıkardığınız" ve henüz karşılaşmadığınız tüm arzular, "kutsama" denilen güçle ıslah olur.

Devam edelim. Midraş'taki şu pasajın nasıl sert olduğuna bakın: "Seni babanı onurlandırma mecburiyetinden özgür bırakıyorum. Bir an bile düşünmeden onu bırakabilirsin. Sana dost görünen baban ve kardeşin aslında kötü bir düzendir. Onlar öldürmeyi planlıyorlar..." Bu gerçekten bir film sahnesi gibi geliyor.

Fakat şimdi pasajın daha önce yaşadığınız ve sizinle hemfikir olmayan eski aşamaları anlattığını biliyorsunuz. Bu arzular haklı olduğunuzu biliyor ve onların üzerine çıkmanızı kabul ediyor.

Ancak onların ıslah olmamış arzular olduğunu düşünürsek, onlara teklif ettiğiniz niteliklerle yaşamak onlara ölüm gibi gelir. Dolayısıyla er ya da geç bazıları yararına bazılarının yok edilmesiyle ilgili bir kargaşa çıkacaktır. Bu olduğunda sadece bir seçeneğiniz var -onlarla mücadeleden kaçınmak için kendinizi bu egoist arzulardan ayırmak.

Onları bırakmak bir süre onları korur. Onlar kalırlar ve siz daha sonra dönüp onları ıslah edene kadar huzur içinde yaşarsınız. Ancak, bu kez döndüğünüzde "büyük ulus" olma gücünü kazanmış ve arkanızda bıraktığınız tüm arzuları ıslah etme becerisini edinmiş durumdasınızdır.

Yaradan, yolculuğunun sonunda varacağı yerde İbrahim'e ifşa olmaz. "...sana göstereceğim topraklara," der ona.

Size rehberlik ederek içinizde gittikçe açığa çıkan ihsan etme arzuları, ihsan etme yasasıyla uyumludur yani mantık ötesi inançla. Bu demektir ki onları egonuzla geçemezsiniz yani onlara, "Fakat bu bana ne verecek? Çok mantıksız görünüyor..." gibi sorularla yaklaşamazsınız.

İhsan etme arzuları, içinizdeki ihsan niteliği İbrahim'den geçmek zorundadır. Tüm egoist düşünceleri bir kenara bırakıp, sürekli olarak içinizdeki Bina niteliği ile onları tanımlamalısınız.

Midraş İbrahim'le ilgili şunu söyler: "'Yaradan'a 'yolculuğum ne kadar sürecek?' gibi bir soru bile sormadı."

Bu doğru çünkü yükselişiniz içinizdeki İbrahim derecesinde gerçekleşmekte ve bu derecede soru sormazsınız; egoist arzulardan ayrılıp onlarla ilgilenecek güce kavuşana kadar sadece yükselirsiniz. Fakat şimdi ilk ıslahınızdan geçmektesiniz.

Yazılı Tora devam eder: "Böylece İbrahim Tanrı'nın ona söylediği gibi gitti."

"Gitti" ne demek? Manevi merdivenleri çıkıyorsunuz demek. Onları "İbrahim'e" ekleyerek, ıslah edeceğiniz yeni egoist arzular içinizde uyanmaya başlıyor. Yani onlara İbrahim'in prizmasından bakıp onları İbrahim'in niteliğiyle karşılaştıracaksınız. Ve bu şekilde daima onların üzerine yükseleceksiniz.

Ölümsüz Kitabın
Sırları

Semion Vinokur

SON SÖZ

Sevgili okuyucu, kitabın sonuna geldik. Başlangıçta (Bereşit) ve Nuh bölümlerini inceledik.

Doğal olarak, böyle kısa bir kitapta her şeyi anlatmak mümkün değil, özellikle de anlamanızı sağlamak ve kendinizi kitapla ilişkilendirebilmeniz için "hafif" bir anlatım kullanmak zorunda olduğum unsurunu dikkate aldığımızda. Bu kitap manevi yola başlamış herkes için.

Zaten bu yolda olanlar için Zohar Kitabı var: Büyük Kabalist Baal HaSulam'ın tefsirinin üzerine Aşlag'ın tefsirinden alıntılar. Ancak, elinize aldığınızda manevi dünyayı edinmiş ve her iki dünyada varlığını sürdürenler için yazılmış olduğundan bu kitabın tek kelimesini bile anlamayacaksınız.

Eğer manevi dünyayı edinme arzusu içinizde gerçekten uyandıysa, ona bağlı kalın. İçinizdeki bu hassas tomurcuğu koruma ve geliştirme fırsatlarını arayın, o zaman kesinlikle bu arzulanan amaca ulaşırsınız.

Güvenilir ve denenmiş rehberler sizi bekliyor. Bazılarını içimizde keşfettik, Musa gibi bazıları ise henüz açığa çıkmadı. İçsel "çölümüzden" geçip, "Mısır'a" (egonuz) inip, oradan "tek ulus" (güçlenmiş, özgecil arzu) olarak çıkıp, "savaşı başlatacağız" (egoya karşı), sonra tekrar yükselmek için düşeceğiz (egoya boyun eğmek fakat manevi edinime doğru baskı yapmaya devam etmek) ta ki sonunda "Yaradan'a doğru" arzusuna ulaşana kadar. Asla yalan söylemeyen kitap Tora böyle söyler.

Semion Vinokur

YAZAR HAKKINDA

Semion Vinokur üretken bir senaryo yazarı ve yönetmendir. En az yetmiş belgesel, on bir film yazmış ve yönetmiştir. Yetenekli Genç Sinematograflar okulunun yönetim kurulu başkanıdır ve şimdilerde öğrencilerin mezuniyet projesi üzerinde çalışmaktadır.

Vinokur'un birçok filmi (yazdığı ve yönettiği) ödül almış ve önemli Uluslararası film festivallerinde gösterilmiştir.

Vinokur'un filmleri sayısız ödül almıştır. Flagstaff Uluslararası Film Festivalinden Altın Madalya, Columbus Uluslararası Film ve Video Festivalinden Bronz Plaket, Şanghay Uluslararası Belgesel Film Festivalinden Birincilik ödülü, National Geographic Uluslararası Film yarışmasında kısa filmi "İntegral Bilinçlenmeye Doğru" ile özel ödül almıştır.

Semion Vinokur ayrıca meşhur sinematik roman, The Kabalist'in (Merdivenin Sahibi) yazarıdır.

BNEY BARUH HAKKINDA

Bney Baruh, Kabala bilgeliğini tüm dünya ile paylaşan büyük bir Kabalistler grubudur. 38 den fazla dildeki çalışma araçları bir nesilden diğerine geçmiş otantik Kabala metinlerini temel alır.

Mesaj

Bney Baruh dünya çapındaki binlerce öğrencinin birçok çeşitli hareketinden oluşmaktadır. Her öğrenci kendi kişisel koşullarına ve yeteneklerine göre kendi yolunu ve yoğunluğunu seçer.

Son yıllarda grup, orijinal Kabala kaynaklarını çağdaş bir dille sunan gönüllü eğitim projeleriyle uğraşan bir hareket olarak büyüdü. Bney Baruh tarafından dağıtımı yapılan mesajın özü insanların birlik olması, ulusların birliği ve insan sevgisidir.

Binlerce yıldır, Kabalistler insan sevgisinin yaratılışın temeli olduğunu öğretmektedirler. Bney Baruh kesinlikle Din, Irk, Dil, v.b. bir ayırım gözetmez. Bu sevgi Hz. İbrahim'in, Hz. Musa'nın ve onların kurduğu Kabalist grupların günlerinden beri hakim olmuştur. İnsan sevgisi temelsiz nefrete dönüştüğü zamanlarda, millet sürgün ve ızdırap içine düşmüştür. Eğer bu eski-ama-yeni değerler için bir yer açarsak, farklılıklarımızı bir kenara koyup birleşmek için gerekli olan güce sahip olduğumuzu keşfedeceğiz.

Bin yıldan beri gizlenmiş olan Kabala bilgeliği şimdi açığa çıkıyor. Bizim yeterince geliştiğimiz ve onun mesajını uygulamaya hazır olduğumuz bir zaman için bekliyordu. Bugün Kabala ulusların kendi içlerindeki ve uluslar arasındaki gruplaşmaları, ayrılıkları birey ve toplum olarak çok daha iyi bir durumda birleştirecek bir mesaj ve çözüm olarak ortaya çıkmaktadır.

Tarih ve Kökeni

Kabalist Michael Laitman, Ontoloji (Varlık Bilimi) ve Bilgi Kuramı Profesörü, Felsefe ve Kabala konusunda doktora, Tıbbi Bio-Sibernetik konusunda yüksek lisans yapmıştır ve 1991 de, hocası Kabalist Baruh Şalom HaLevi Aşlag'ın (Rabaş) vefatından sonra Bney Baruh adlı Kabalist grubunu kurmuştur.

Kabalist Michael Laitman akıl hocasını anmak için onun anısına grubuna Bney Baruh (Baruh'un Oğulları) adını verdi. Hayatının son 12 yılında, 1979 dan 1991 e kadar onun yanından hiç ayrılmadı. Kabalist Laitman, Aşlag'ın en önemli öğrencisi ve özel asistanıydı ve onun öğretim metodunun takipçisi olarak tanındı.

Rabaş 20.yüzyılın en büyük Kabalisti Yehuda Leib HaLevi Aşlag'ın ilk oğlu ve takipçisidir. Yehuda Aşlag, Zohar kitabı üzerine yazılmış en kapsamlı ve en saygın tefsirin yazarıdır. Sulam Tefsiri (Merdiven Tefsiri) manevi yükseliş için eksiksiz bir metod ifşa eden ilk Zohar tefsiridir.

Bney Baruh tüm çalışma metodunu bu büyük manevi liderler tarafından kazılmış yol üzerine temellendirir.

Kabala Dersleri

Yüzyıllardır Kabalistlerin yaptığı gibi ve Bney Baruh faaliyetlerinin odağındaki en önemli ögesi olarak, Kabalist Laitman Bney Baruh'un İsraildeki merkezinde her gün 03.00-

06:00 (İsrail ve Türkiye saatiyle) arası verdiği dersler yer almaktadır. Dersler simultane olarak 7 dilde; İngilizce, Rusşa, İspanyolca, Almanca, İtalyanca, Fransızca ve Türkçe olarak çevirilmektedir.

Tüm Bney Baruh faaliyetleri gibi canlı yayınlarda dünyanın her yerinden olan binlerce öğrenci için ücretsiz olarak sunulmaktadır.

Finansman

Bney Baruh Kabala bilgeliğini paylaşmak üzere kâr amacı gütmeyen bir organizasyon olarak kurulmuştur. Bağımsızlığını ve niyetlerin saflığını koruyabilmek için Bney Baruh hiçbir devlet ya da politik oluşum tarafından desteklenmemektedir, fonlanmamaktadır ya da hiçbir kuruluşa bağlı değildir.

Çoğunlukla bu aktiviteler ücretsiz olarak sunulduğu için, grup aktivitelerinin temel kaynağı öğrencilerin gönüllü olarak katkıda bulunmalarından oluşmaktadır.

Kabalist Michael Laitman'ın Kabala'yı Arayışı

Bir çok derste ve röportajda Kabala'ya nasıl geldiğim bana sürekli sorulan bir sorudur. Kabala'dan uzak bir takım konuların içerisinde olsaydım muhtemelen bu sorunun geçerliliğini anlayabilirdim. Ancak Kabala hayatımızın amacının öğretisidir; hepimize çok yakın ve her birimizi ilgilendiren bir konu! Dolayısıyla bence daha uygun bir soru, Kabala'nın kişinin kendisi ve hayat ile ilgili soruları içinde barındırdığını nasıl bulduğum olmalı. Yani soru, "Kabala'yı nasıl keşfettiniz?" değil, "Neden Kabala ile ilgileniyorsunuz?" olmalı.

Hâlâ çocukluk çağındayken, tıpkı bir çok insan gibi, neden var olduğum sorusunu sordum. Bu soru, dünyevi zevklerin peşinde koşarak bu soruyu bastırmadığım anlarda sürekli beni rahatsız ediyordu. Bununla beraber, bu soruyu defalarca suni şeylerle, örneğin ilginç bir meslek edinip kendimi yıllarca işime adayarak ya da uzun yıllar peşinde koştuğum kendi ülkeme göç etmekle bastırmaya çalıştım.

1974 yılında İsrail'e geldiğimde de hayatın manası nedir sorusuyla hâlâ boğuşuyordum; yaşamaya değecek bir neden bulmaya çalıştım. Elimdeki imkânları kullanarak eski konuları (politika, iş hayatı vs) farklı yorumlarla ele alıp herkes gibi olmaya çalışsam da hâlâ bu ısrarlı soruyu silip atamıyordum: Hangi nedenden dolayı tüm bu şeyleri yapmaya devam ediyorum? Diğer herkese benzeyerek ne elde ediyorum?

Maddi ve manevi zorlukların etkisiyle beraber realiteyle başa çıkamayacağımın farkına varmam 1976 yılında beni dindar bir hayat yaşamaya getirdi, ümidim bu hayat tarzının bana daha uygun düşünceler ve fikirler getireceği ve yapıma daha uygun olacağı inancıydı.

Hiçbir zaman insanlığa özel bir meylim olmadı, sosyal bilimler, psikoloji ya da Dostoyevski'nin derinliğinin değerini ölçecek bir ilgiye sahip değildim. Sosyal bilimlerdeki tüm ilgim hep alelâde seviyedeydi. Belli bir düşünce ya da hissin derinliğinden kaynaklanmıyordu.

Buna rağmen, çocukluğumun erken dönemlerinden beri bilime güçlü bir çekim hissediyordum ve sanırım bu bana çok faydalı oldu.

1978 yılında tesadüfen Kabala dersleri için bir reklam gördüm. Hemen gidip kayıt yaptırdım ve doğamın geleneksel heyecanıyla Kabala'ya daldım. Bir çok kitap aldım ve bazen haftalarımı bile alsa cevaplar bulabilmek için bu kitapları derinlemesine çalışmaya başladım.

Hayatımda ilk kez böylesine derinden, özümden etkilenmiştim ve anladım ki benim ilgi alanım buydu çünkü yıllardır kafamı karıştıran konuların hepsiyle ilgileniyordu.

Gerçek bir öğretmen aramaya başladım, tüm ülkeyi dolandım ve bir çok yerde derslere katıldım. Ama içimden bir ses sürekli esas Kabala'nın bu olmadığını söylüyordu, çünkü benden değil soyut ve uzak şeylerden bahsediyordu.

Tüm bulduğum hocaları terk ettikten sonra bana yakın bir arkadaşımın da Kabala'ya ilgi duymasını sağladım. Akşamlarımızı birlikte, bulabildiğimiz tüm Kabala kitaplarını çalışarak geçirirdik. Bu aylarca sürdü.

1980 yılında soğuk, yağmurlu bir kış gecesi, Pardes Rimonim ve Tal Orot kitaplarını çalışmak yerine, çaresizlikten, kendimi de şaşırtacak şekilde arkadaşıma Bney-Barak şehrine gidip bir hoca arayalım dedim.

Orada bir hoca bulursak derslere katılmak bizim için uygun olur diye de teklifimi haklı çıkarmaya çalıştım. O güne kadar Bney-Barak şehrini sadece birkaç kere Kabala kitapları ararken ziyaret etmiştim.

O gece Bney-Barak soğuk, rüzgarlı ve yağmurluydu. Kabalist Akiva ve Hazon-İsh dört yoluna geldiğimizde camı indirip sokağın öteki tarafında uzun siyah palto giymiş bir adama seslendim: "Buralarda nerede Kabala çalışırlar bana söyler misin?" Dinci bir mahallenin ne tür bir atmosferi olduğunu bilmeyenler için bu sorunun kulağa çok garip geleceğini söyleyebilirim. Kabala hiçbir dini eğitim okulunda öğretilmiyordu. Hatta Kabala'ya ilgi duyduğunu başkasına söyleyecek kişiler bile bulmak mümkün değildi. Ancak sokağın karşı tarafında duran bu yabancı, sanki hiç şaşırmamışçasına bana cevap verdi: "Sola dön ve turunç bahçelerine gelene kadar devam et, orada bir bina var. Orada Kabala öğretiyorlar."

Tarif edilen yere geldiğimizde karanlık bir bina bulduk. İçeriye girdiğimizde yan bir odada uzun bir masa gördük. Masada dört beş tane uzun ak sakallı adam vardı. Kendimi tanıttım ve Rehovot'tan geldiğimizi söyleyip Kabala çalışmak istediğimizi ekledim. Masanın başında oturan yaşlı adam bizi katılmaya davet etti ve ders bittikten sonra konuşuruz dedi.

Sonra ders Zohar Kitabı'ndan Sulam tefsiriyle bir bölüm okuyarak, yarı Aşkenazi (Yidiş) dili mırıldanarak ve sadece yarı bakışlarla insanların birbirlerini anladığı bir ortamda devam etti.

Bu insanları görüp dinledikten sonra sadece yaşlılıklarını geçirmek için bir araya gelen bir grup adam sandım, henüz akşam fazla geç değildi ve Kabala çalışabileceğimiz bir yer daha bulmak için zamanımız vardı. Ama arkadaşım beni durdurdu ve bu kadar kaba davranmamın uygun olmadığını söyledi. Birkaç dakika sonra da ders sona ermişti ve yaşlı adam kim olduğumuzu öğrendikten sonra telefon numaralarımızı istedi. Bizim için uygun bir hocanın kim olabileceğini düşünüp haber vereceğini söyledi. Bunun da çabamızı daha önceleri gibi boşa harcamaktan başka bir şey olmayacağını düşündüğümden telefon numaramı vermekte biraz çekingendim. Benim tereddüdümü hisseden arkadaşım kendi numarasını verdi. Ve iyi akşamlar diyerek oradan ayrıldık.

Ertesi akşam arkadaşım evime geldi ve yaşlı adamın kendisini arayıp bize bir hoca ayarladığını ve hatta ilk dersin o akşam olduğunu söyledi. Bir geceyi tekrar boşa geçirmek istemiyordum ama arkadaşımın arzusuna boyun eğdim.

Tekrar oraya gittik. Yaşlı adam bir başkasını çağırdı, kendisinden biraz daha genç fakat onun gibi beyaz sakallı biri; genç adama Yidiş dilinde birkaç kelime söyledi ve ayrılarak bizi yalnız bıraktı. Hocamız hemen oturup çalışmaya başlayalım dedi. Bir makale ile başlamayı tavsiye etti "Kabala'ya Giriş"; ben ve arkadaşım bu makaleyi daha önce defalarca anlamaya çalışmıştık.

Boş odadaki masalardan birine oturduk. Bizlere her paragrafı açıklayarak tek tek okumaya başladı. O anı hatırlamak benim için her zaman çok zordur; yıllarca arayıp da hiçbir yerde bulamadıktan sonra sonunda aradığımı bulduğuma dair keskin bir his vardı içimde. Dersin sonunda bir sonraki gün için ders ayarladık.

Ertesi gün bir kayıt cihazıyla geldim. Esas derslerin her sabah saat 3 ile 6 arasında olduğunu öğrendikten sonra, her gece gelmeye başladık. Ayrıca her ay yeni ayı kutlama yemeklerine de katılmaya başladık ve herkes gibi merkezin masraflarına katkıda bulunup aylık ödemelerimizi yapmaya başladık.

Her şeyi ille de kendim keşfedeceğim arzusuyla genellikle de biraz agresif olarak sık sık tartışmalara girdim. Ve bizlerle olan tüm olaylar grubun hocasına hep gidiyordu ve o da bizler hakkında sürekli soru soruyormuş. Bir gün bizim hocamız sabah dersinden sonra saat 7 gibi grubun büyük hocasının benimle "Zohar Kitabı'na Giriş" kitabını çalışabileceğini söyledi. Ancak, birkaç ders sonra benim bu derslerden hiçbir şey anlamadığımı görünce, kendi hocam aracılığıyla bu derslerin durdurulacağını söyledi.

Hiçbir şey anlamamama rağmen onunla çalışmaya devam etmeye razıydım. İçsel anlamlarına inebilme ihtiyacının dürtüsüyle, sadece mekanik olarak okumaya bile hazırdım. Çok alınmama rağmen zamanımın gelmediğini bilmiş olsa gerek ki dersleri sona erdirdi.

Aradan altı yedi ay geçti ve bizim hocamız vasıtasıyla büyük hocamız onu arabamla doktora götürüp götüremeyeceğimi sormuş. Elbette hemen kabul ettim. Yolda bana bir çok konudan bahsetti. Ben ise ona Kabala ile ilgili sorular sormaya çalışıyordum. Ve o yolculukta bana, şu an ben hiçbir şey anlamıyorken benimle her şeyden konuşabileceğini ama gelecekte anlamaya başladıkça benimle bu kadar açık konuşmayacağını söyledi.

Ve aynen söylediği gibi oldu. Yıllarca sorularıma cevap vermedi bana şöyle derdi "Kimden talep edeceğini biliyorsun" yani Yaradan'dan bahsediyordu, "talep et, sor, yalvar, iste, ne istiyorsan yap, her şeyi O'na yönlendir ve her şeyi O'ndan talep et!"

Doktor ziyaretlerimiz pek bir işe yaramadı ve kendisini kulak iltihabından koca bir ay hastaneye yatırmak zorunda kaldık. Bu zamana kadar hocamı bir çok kez doktora götürdüm; ve hastaneye alındığı gün geceyi onun yanında geçirmeye karar verdim. Tüm bir ay boyunca hastaneye sabah 4'de gelir, telleri tırmanır, görünmeden binaya girerdim ve çalışmaya başlardık. Tüm bir ay boyunca! O zamandan sonra Kabalist Baruh Şalom Halevi Aşlag, Baal HaSulam'ın en büyük oğlu, benim hocam oldu.

Hastaneden ayrıldıktan sonra, sık sık parklara uzun yürüyüşlere gittik. Bu yürüyüşlerden döndükten sonra duyduğum her şeyi harıl harıl yazardım. Bu sık yürüyüşler her gün üç dört saat sürerdi ve zaman içinde alışkanlık oldu.

İlk iki yıl boyunca hocama sürekli daha yakına taşınabilir miyim diye sordum, ama yakında oturmamın bir gereklilik olmadığını hatta Rehovot'a gidiş gelişlerimin manevi çalışma açısından çaba olduğunu söyledi. Ancak, iki yıl sonra hocam yakına taşınmamı ve Bney-Barak'ta yaşamamı kendisi tavsiye etti ve nedendir bilinmez pek bir acelem yoktu. O kadar yavaş hareket ediyordum ki bu konuda, hocam gidip benim için kendisine yakın bir apartman dairesi buldu ve taşınmamı söyledi.

Hâlâ Rehovot'ta yaşarken hocama daha önce katıldığım bir merkezde Kabala çalışmaya teşebbüs eden birkaç kişiye ders verebilir miyim diye sordum. Bu haberi fazla heyecanlı karşılamasa da daha sonraları derslerimin nasıl gittiğini sordu. Kendisine Bney-Barak'taki grubumuza yeni kişileri davet edebileceğimi söylediğim zaman kabul etti.

Sonuç olarak bir çok genç erkek grubumuza katıldı ve birden tüm merkez cıvıl cıvıl hayat dolu bir yer oldu. İlk altı ayda yaklaşık on kadar düğün oldu. Hocamın hayatı ve günleri sanki yeni bir anlam kazanmıştı. Birçok insanın Kabala çalışmak istediğini görmesi kendisini çok memnun etmişti.

Günümüz genellikle sabah saat 3'de başlardı ve sabah saat 6'ya kadar çalışırdık. Her gün sabah saat 9'dan 12'ye kadar parka yürüyüşe ya da denize giderdik.

Döndükten sonra ben evime çalışmaya giderdim. Sonra tekrar eve giderdim ve sabah saat 3'de tekrar derse katılırdım. Bu şekilde yıllarca devam ettik. Tüm dersleri kasete kayıt ederdim, derslerin kayıtları bini geçti.

Son beş yılımızda, 1987'den itibaren, hocam beraber Tiberias'a yolculuk etmemizin iyi olacağını söyledi ve her iki haftada bir iki günlüğüne Tiberias'a giderdik. Bizi herkesten ayıran bu geziler aramızda bir yakınlaşmaya sebep oldu. Ama zamanla aramızdaki manevi algılayışın farkından kaynaklanan mesafe içimde giderek büyümeye başladı ve bu mesafeyi nasıl kapatacağımı bir türlü bilemedim. Bu mesafeyi, o yaşlı adamın her defasında fiziksel bir ihtiyacı nasıl geri çevirerek mutlu olduğunu net olarak algılayabildiğimde görebiliyordum.

Onun için sonucun net olduğu bir şey kanundu, ister yorgun olsun ister hasta günlük çalışma programı son derece disiplinli uygulanıyordu. Yorgunluktan yığılacak bile olsa günün gerekli olan tüm planını her detayıyla eksiksiz yerine getirirdi ve üstlendiği hiçbir şeyi tam halletmeden bırakmazdı. Yorgunluktan nefessiz kalıp, nefes darlığı çekmesine rağmen bir dersini bile atlatmaz, sorumluluğunu hiçbir zaman bir başkasına devretmezdi.

Onun bu olağanüstü gücünün, amacının yüceliğinden ve Yaradan'dan geldiğini bilmeme rağmen, onu sürekli böyle gördüğümde kendime olan güvenim sarsılır ve başarılı olma ihtimalimin olmadığını düşünürdüm.

Onunla T'veria ve Meron dağına yaptığımız gezilerin bir anını bile unutmam mümkün değil. Uzun geceler onun karşısında oturur, bakışlarını, sözlerini ve mırıldandığı şarkıları içime alırdım. Bu hatıralar içimde hâlâ yaşıyor ve bugün bile benim yolumu belirleyip rehberlik ediyorlar. On iki yıl boyunca her gün bire bir çalışmamızdan içimde kalan tüm bilgi, bağımsız olarak yaşıyor ve işliyor.

Sık sık hocam bir konuşmasından sonra çok alakasız bir cümle söylerdi ve bunu bu cümlelerin dünyaya girip yaşaması ve işlevlerini yerine getirdiğinden emin olmak için yaptığını söylerdi.

Grup çalışması Kabalistler tarafından çok eski zamanlardan beri yapılmaktadır ve ben de hocamdan yeni gelenlerden böyle gruplar oluşturmasını ve bu grupların bir araya gelmelerini düzenleyecek yazılı bir plan talep ettim. Bu şekilde haftalık makale yazmaya başladı ve hayatının son günlerine kadar da devam etti.

Sonuç olarak bizlere kendisinden sonra bir araya getirdiğimiz bir çok ciltlik muazzam materyal kaldı ve yıllar boyunca biriktirdiğim kayıtlarla birlikte, Kabala ilmi üzerine çok geniş kapsamlı anlatımlar oluşturduk.

Yeni yıl kutlamaları esnasında, hocam aniden göğsündeki bir baskıdan dolayı rahatsızlandı. Ancak çok yoğun ısrardan sonra tıbbi bakıma girdi. Doktorlar kendisinde hiçbir hastalık ya da rahatsızlık bulamadılar, ama Tişrei ayının beşinci gününde 5752 (1991) yılında vefat etti.

Son yıllarda gruba katılan bir çok öğrenci hâlâ Kabala çalışmaya devam etmekte ve yaratılışın içsel anlamını araştırmaktadır. Öğreti yaşamaya devam etmektedir, tıpkı geçmiş yüz yıllarda olduğu gibi. Kabalist Yehuda Aşlag ve onun büyük oğlu, hocam Kabalist Baruh Aşlag, çabalarıyla bu öğretiyi bizim neslimizin ve zamanımızda dünyamıza inen ruhların ihtiyacına göre uyarladılar.

Manevi bilgi Kabaliste Yukarıdan kelimeler olmadan aktarılır ve tüm duyu organları ve akıl tarafından eş zamanlı algılanır. Dolayısıyla, bütünüyle anında algılanır.

Bu bilgi sadece bir Kabalistten, ya aynı ya da daha Üst Seviyedeki bir başka Kabaliste aktarılabilir. Aynı bilgiyi henüz o manevi seviyeye ya da manevi dünyaya gelmemiş bir insana aktarmak mümkün değildir, çünkü bu kişi gerekli algıdan yoksundur.

Bazen bir hoca kendi perdesiyle (Masah) öğrencisini geçici olarak kendi bulunduğu manevi seviyeye çekebilir. Bu durumda, öğrenci manevi güçlerin ve hareketlerin özüyle ilgili bir nosyon edinebilir.

Manevi dünyaya henüz geçmemiş bir kişi için standart bilgi aktarım yöntemleri uygulanır: yazılar, sözlü anlatım, direkt iletişim, kişisel örnek vs.

"Yaradan'ın İsimleri" adlı makalede de bildiğimiz gibi harflerin tarifi anlamının ötesinde bir şey, yani içsel manevi mesajı aktarmak için kullanılabilir. Ancak kişi manevi anlamlarına tekabül eden algıları edinmediği sürece, kelimeleri okumak masaya boş tabaklar koymak ve yanlarına güzel yemeklerin isimlerini yazmak gibidir.

Müzik daha soyut bir şekilde bilgi aktarmaktadır. Bizim dünyamızı yöneten ve yedi kısımdan ya da Sefirot'tan oluşan manevi varlık "Atsilut'un Partsuf Zer Anpin'i" gerçeğinin ışığı altında, tıpkı görünebilen bir ışık gibi, yedi temel güç -nitelik- tondadır.

Bulunduğu duruma göre, kişi müziği besteleyen Kabalistin manevi koşullarını çıkarabilir. Bu kişi melodiyi oluşturan Kabalistle aynı seviyede olmak zorunda değildir; içsel manasını kişisel manevi derecesinin mümkün kıldığı kadarıyla kavrayabilir.

1996, 1998 ve 2000 yıllarında Baal HaSulam ve Rabaş'a ait üç müzik diski kaydedilmiş ve çıkartılmıştır. Melodiler Kabalist Laitman'ın hocası Kabalist Aşlag'dan duyduğu şekilde sunulmuştur. Sözlere ek olarak, melodilerin sesleri de bir çok Kabalistik bilgi taşımaktadır.

Kabala Bilimi - Herkes İçin Manevi İlim Kitabı

Çağımızın büyük Kabalistlerinden Yehuda Aşlag ve onun oğlu ve varisi Baruh Şalom Aşlag, yaşamın temel sorusuna cevap getirir: Hayatımın anlamı ne? Zohar ve Yaşam Ağacı kitaplarının yorumlarına dayandırılan bu kitapla günlük yaşamda Kabala ilminden nasıl faydalanacağımızı öğreniriz. Büyük Kabalistlerin otantik metinlerine ilave olarak, bu kitap, bu metinlerin anlaşılmasını sağlayan pek çok yardımcı makaleyle birlikte, Kabalistlerin deneyimlediği Üst Dünyaların evrimini betimleyen çizimlerden oluşur.

Kabala Bilimi kitabında, Baruh Aşlag'ın kişisel asistanı ve baş öğrencisi Michael Laitman, manevi dünyaları edinmeyi amaçlayan Kabala öğrencileri için kadim makaleleri uyarlamıştır. Laitman günlük derslerini bu ilham verici makalelere dayandırarak, Üst Alemlere muhteşem yolculuğumuzda izleyeceğimiz manevi yolu daha iyi anlamamız için bizlere yardımcı olur.

Merdivenin Sahibi

İnsanlık tarihinin en yıkıcı çağının şafağında, 20. yüzyılda, gizemli bir adam insanlık ve onun acılarının alışılmadık çözümüyle, sosyo-politik arenada ortaya çıktı. Kabalist Yehuda Ashlag, yazılarında açıklıkla ve tüm detaylarıyla öngördüğü savaşları, karışıklıkları ve daha çarpıcı olarak da bugün yüz yüze kaldığımız ekonomik, politik ve sosyal krizi anlattı. Birleşmiş bir insanlık için duyduğu derin özlem, onu Zohar Kitabını açmaya -ondaki eşsiz gücü- herkes için ulaşılabilir yapmaya zorladı.

Kabalist, kabala, maneviyat, özgür seçim ve realitenin algısıyla ilgili bildiğinizi düşündüğünüz her şeye arkasını dönen, sinematik bir romandır. En yüksek edinim derecesine ulaşmış, tüm realiteye hükmeden tek güçle direkt temas içindeki insanın, hissiyatını ve içsel çalışmasını aktarmaya çalışan kendi türündeki ilk romanıdır.

Kabalist, bilimsel bir açıklık ve şiirsel bir derinlikle birlik mesajı verir. Dinin, milliyetin, mistisizmin, uzay ve zamanın şeffaf yapısının ötesine geçerek, bize tüm insanlıkla beraber doğayla ahenk içinde olduğumuzda, tek mucizenin içimizdeki mucize olduğunu gösterir. Bize hepimizin Kabalist olabileceğini gösterir.

Ölümsüz Kitabın Sırları

Musa'nın beş kitabı, tüm zamanların en çok satan kitabı Tora'nın parçasıdır. Bu şekliyle Tora, şifreli bir metindir. Masalların ve efsanelerin altında, insanlığın en yüksek seviyeye doğru yükselişini— Yaradan'ın edinimi- anlatan bir alt metin saklıdır.

Ölümsüz Kitabın Sırları, Tora'nın Yaratılış ve İsrail Halkının Mısır'dan sürgünü hikayeleri gibi en gizemli ve sıklıkla alıntı yapılan dönemlerinin şifresini çözer. Yazarın enerjik ve kolay anlaşılır üslubu, insanın kendi dünyasını sadece arzu ve niyetle değiştirebildiği realitenin en derin seviyelerine, mükemmel bir giriş yapmanızı sağlar.

Kitabı okurken Tora'da anlatıldığı gibi olmuş veya olmamış fiziksel olayların seviyesinin ötesine geçiş yapacaksınız. İçinizde Firavun, Musa, Adem, Havva, hatta Habil ve Kabil'in olduğunu keşfedeceksiniz. Onların hepsi sizin bir parçanız. Onları içinizde keşfettikçe ve Ölümsüz Sevgiye, Yaradan'ın edinimine doğru ilerledikçe, bu gizli realitenin muhteşem hazineleriyle bizi ödüllendiren Yaradan'ın sonsuz sevgisini de keşfedeceksiniz.

Kişisel Çıkar Özgecilliğe Karşı

Bu kelimelerin yazıldığı zaman, dünya hala İkinci Dünya Savaşından beri en uzun gerileme sürecini geçiriyor. Tüm dünyada on milyonlarca insan, işlerini, birikimlerini, evlerini ve en önemlisi gelecekleri için olan ümitlerini kaybettiler.

Ancak krizler tarih boyunca sürekli olağandı. Bu krizi geçmiş krizlere kıyasla farklı kılan insanoğlunun şu anki gerginliğinin yapısıdır. Toplumumuz çatışma içeren iki uç noktaya doğru çekilmiştir – bir taraftan globalleşme ile gelen bağımlılık ve öteki taraftan da giderek büyüyen kişisel, sosyal ve politik narsizm. Bu koşul dünyanın daha önce hiç görmediği bir felaketin oluşumu!

Bu karanlık geleceğin önüne geçebilmek için, Kişisel Çıkar Özgecilliğe Karşı, bu dönemde dünyanın önünde bulunan sorunlarına yeni bir perspektif getirerek, insanoğlunun bir dizi hatasına bağlamaktansa, gereklilikten büyüyen egoizminin sonucu olarak değerlendirmektedir. Bu anlayışla, kitap egomuzu bastırmak yerine, toplumun iyiliği için kullanmanın gerekliliğini dile getirmektedir.

Kabala ve Bilim

Prof. Michael Laitman eşsiz ve etkileyici bir kişilik: Kabala ve bilimin sentezini anlaşılır bir şekilde gerçekleştiren yetenekli bir bilimadamı

—Daniel Matt, Tanrı ve Big Bang kitabının yazarı: Bilim, maneviyat ve Zohar arasındaki harmoniyi keşfetmek.

Bu gezegendeki geleceğimiz için kritik tercihler yapacağımız bir dönemde, kadim Kabala bilgeliği seçeneklerimizi hem arttırdı hem de yeniledi. Klasik kutsal yazılarda yer alan bilgelik, yüzleşmekte olduğumuz ve önümüze açılan fırsatları taşıyabilmemiz için getirilmeli ve bu mesaj tüm dünyada tüm insanlara ulaşılabilir yapılmalı. Prof. Michael Laitman, diğerlerinden farklı olarak bu çok önemli meydan okumayı başarmaya ve bu tarihi görevi yerine getirmeye yetecek güçtedir.

—Prof. Ervin Laszlo, Kaos Noktası, Bilim ve Akaşik Alan kitabı da dahil 72 kitabın yazar : Herşeyin Birleşik Teorisi

Kadın ve Kabala

Bir arzu sonucu ortaya çıkanı ellerinizde tutuyorsunuz. Birçok kadın bir araya gelerek, yeni gelen bütün kadınlara Kabala çalışmasında yardımcı olabilmek için bu kitapçık üzerinde çalıştı. Toplanan soruların tümü Bney Baruh Kabala Eğitim Merkezine yeni başlamış olan kadın öğrencilerin sordukları sorulardan olulmaktadır. Cevaplar Dr. Laitman'ın kitaplarından, derslerinden ve konuşmalarından alınmıştır. Sorulan sorular bizim maneviyatı edinmek isteme ihtiyacımızdan ortaya çıkmıştır: bizler buna açız, kalplerimiz bunun ağırlığında haykırıyor. Bizler kendimizi her şeyi yapabilecek duruma hazır, amaca doğru erkeklerimizi desteklemeye hazır buluyoruz.

Dr. Laitman bize der ki: "Kadınların karşılıklı sorumluluk hissiyatı içerisinde erkekleri uyandırmak ve onları bir araya getirmek için bağ kurmaları gerekir ki, erkekler birbirleri ile bağ kursunlar ve bu birlik sayesinde maneviyata erişsinler. Daha sonra erkekler arasındaki bu bağ ve karşılıklı sorumluluk sayesinde maneviyat kadınlara da geçecektir. Bunun sonucunda herkes bir bütün olacaktır –ulusun erkek ve dişi parçası veya bütün insanlığın."

Işığın Tadı

"Bu nesilde bulunduğum için mutluyum zira artık Kabala Bilgeliğini yaymak mümkün."

Kabalist Yehuda Aşlag – Baal HaSulam

Binlerce yılın sonunda gizli olan Kabala Bilgeliği bizim neslimizde ifşa olmaya başladı. "Işığın Tadı" adlı bu kitap bilgeliğin üzerine bir pencere açmakta. Kitap, günümüzün her bireyi için ilk defa duygularında tadacağı bir lezzet ve kalplerinde yoğun bir anlayış sağlayacaktır.

Bu kitap neslimizin en yüce kabalisti Dr. Michael Laitman'ın her sabah verdiği canlı derslerden derlenmiştir.

Kabalanın Sesi

Bizim neslimizin en sonuncusu olan Büyük Kabalist Baruh Aşlag'ın öğrencisi ve kişisel asistanı olmak benim için çok büyük bir ayrıcalıktır. Basitçe söylemek gerekirse, tüm içtenlik ve sevgimle ondan öğrendiklerimi okuyucularla paylaşmaktan çok mutlu olacağım.

Dr. Michael Laitman

Kabala'nin Sesi, Kabala makalelerinden seçilerek ve derlenerek hazırlanmış olup, bu otantik bilgeliğin zengin ve tam bir mozaiğini meydana getiren on bölümden oluşmaktadır.

Bir Demet Başak Gibi

Neden Birlik ve Karşılıklı Sorumluluk Bu Zamanın Çağrısıdır

Bu kitap, bazı Yahudilerin en ürkütücü ve gizemli sorularına ışık tutar: Bu gezegendeki rolümüz nedir? Bizler gerçekten "seçilmiş insanlar mıyız?" Eğer öyle isek, ne için seçildik? Anti-Semitizme neden olan nedir ve bu iyileştirilebilir mi?

Tüm zamanların Yahudi tarihçileri ve bilgelerinin sayısız referansının kullanıldığı bu kitap, Yahudilerin ulaşmak istediği ama bir o kadarda tanımlaması zor hedefini yerine getirmek için bir yol haritası sunar: sosyal bağlılık ve birlik. Gerçekte birlik, yalnızca Yahudilerin bunu sabırsızlıkla bekleyen dünyaya vereceği bir hediyedir.

Birlik olduğumuzda ve bunu tüm dünyayla paylaştığımızda huzur, kardeş sevgisi ve mutluluk tüm dünyada sonsuza kadar hüküm sürer.

Kabalaya Uyanış

Dünyanız değişmeye hazır. Bu neslin en büyük Kabalistinin rehberliğinde sizde bunu gerçekleştirin. Micheal Laitman, Kabalayı Yaradan'a yaklaşmayı sağlayan bir bilim olarak görür. Kabala yaratılış sistemini, Yaradan'ın bu sistemi nasıl yönettiğini ve yaratılışın bu seviyeye nasıl yükseleceğini çalışır. Kabala manevi doyuma ulaşma metodudur. Kabala çalışması ile siz de kalbinizi ve sonuç olarak yaşamınız başarıya, huzura ve mutluluğa doğru nasıl yönlendireceğinizi öğrenirsiniz.

Kadim ilim geleneğine bu farklı, özel ve hayranlık uyandıran girişiyle büyük Kabalist Baruh Aşlag (Rabaş)'ın öğrencisi Laitman bu kitapta, size Kabalanın temel öğretilerinin derin anlayışını ve bu ilmi başkalarıyla ve etrafınızdaki dünyayla ilişkilerinizi netleştirmek için nasıl kullanacağınızı anlatır. Hem bilimsel hem de şiirsel bir dil kullanarak, maneviyatın ve varoluşun en önemli sorularını araştırır:

Hayatımın anlamı ne? Neden dünyada keder var? Reenkarnasyon manevi yaşamın bir parçası mı? Mümkün olan en iyi varoluş aşamasını nasıl edinebilirim?

Bu eşsiz rehber, dünyanın ötesini ve günlük hayatın sınırlamalarını görmeniz, Yaradan'a yaklaşmanız ve ruhun derinliklerine ulaşmanız için size ilham verecek.

Erdemliliğin Yolu

Bugün Kabala Bilgeliğinin insanlığa bir mesajı var:

Günümüzün sorunlarını ancak birlik ve beraberlikle çözüme ulaştırabiliriz. Problemler raslantısal değil, onları gözardı etmemeliyiz. Dahası, oluşan durumu doğru bir biçimde değerlendirebilirsek hayatımız yeni, mutluluk ve sükunet dolu bir yöne akmaya başlayacaktır. Gelişi güzel değil, gayet bilinçli bir şekilde yaşamımıza yön verebiliriz.

Üst Dünyaları Edinmek

Micheal Laitman'ın sözleriyle, "Özü tam bir özgecilik ve sevgi olan manevi nitelikleri anlamak, insan idrakinin ötesindedir. Bunun sebebi insanoğlunun bu tip hislerin var olabileceğini kavrayamaması ve herhangi bir eylemi yerine getirmek için teşvik bekleyip, kişisel kazanç olmadan kendini büyütmeye hazır olmamasından kaynaklanmaktadır. Bu sebeple özgecilik gibi bir nitelik, insana Üstten verilir ve sadece deneyimleyenler bunu anlayabilir."

Üst Dünyaları Edinmek, yaşamımızda manevi yükselişin muhteşem doyumunu keşfetmemize olanak sağlayan ilk adımdır. Bu kitap, sorularına cevap arayan ve dünya fenomenini anlamak için güvenilir ve akılcı bir yol arayan tüm insanlar içindir. Kabala ilmine bu muhteşem giriş, aklı aydınlatacak, kalbi canlandıracak ve okuyucuyu ruhunun derinliklerine götürecek olan farkındalığı sağlar.

Zoharın Kilidini Açmak

Zohar Kitabı(Aydınlığın Kitabı), şimdiye kadar yazılmış en gizemli ve yanlış anlaşılan yapıtlardan biridir. Yıllar boyunca kendinde uyandırdığı hayranlık, şaşkınlık ve hatta korku emsalsizdir. Bu kitap tüm Yaratılışın sırlarını içermesine rağmen, bugüne kadar bu sırların üzeri bir gizem bulutuyla örtülmüştür.

Şimdi Zohar, insanlığa yol göstermek için ilmini tüm dünyanın gözleri önüne sermektedir, şöyle yazıldığı gibi (VaYera, madde 460), "Mesih'in günleri yaklaştıkça, çocuklar bile ilmin sırlarını keşfedecek." 20. Yüzyılın büyük Kabalistlerinden Yehuda Aşlag (1884-1954), bize Zohar'ın sırlarını açığa çıkaracak yepyeni bir yol göstermiştir. Bu yüce Kabalist, yaşamlarımıza hükmeden güçleri bilmemize yardım edecek ve kaderimize nasıl hükmedeceğimizi öğretecek, Zohar Kitabına giriş niteliğindeki dört kitabı ve Sulam (Merdiven) Tefsirini yazmıştır.

Zohar'ın Kilidini Açmak, üst dünyalara nihai yolculuğun davetiyesidir. Kabalist Dr. Michael Laitman, bilgece bizi Sulam Tefsirinin ifşasına götürür. Bu şekilde Laitman, düşüncelerimizi düzenlemekte ve kitabı okumaktan kaynaklanan manevi kazancımızı arttırmaktadır. Zohar Kitabıyla ilgili açıklamaların yanı sıra kitap, bu güçlü metnin kolay anlaşılması ve okunmasını sağlayan, özenle çevrilmiş ve derlenmiş Zohar kaynaklı sayısız ilham verici alıntıya da yer vermiştir.

Kalpteki Nokta

Hayatın elimizden kayıp gittiğini hissettiğimizde, toparlanmak için zamana ihtiyacınız olduğunda ve düşüncelerinizle baş başa kalmak istediğinizde, bu kitap içinizdeki pusulayı yeniden keşfetmenize yardım edecek. Kalpteki Nokta, ilmi sayesinde tüm dünyada ve Kuzey Amerika'da kendini ona adamış öğrenciler kazanmış bu insanın makalelerinden oluşan eşsiz bir kitaptır. Dr. Michael Laitman bir bilim adamı, Kabalist ve büyük saygı uyandırarak kadim ilmi temsil eden büyük bir düşünürdür. Bu fırtınalı günlerde popüler www.kabbalah.info sitesi vasıtasıyla, gerçeği ve sonsuz huzuru arayanlar için umut ışığı olmaktadır.

Açık Kitap

Bu kitap çok temel görünse de, Kabala'nın temel bilgisini ifade eden bir kitap olma niyetini taşımıyor. Daha ziyade, okuyucuların Kabala kavramlarına, manevi nesnelere ve manevi terimlere yaklaşımını ilerletmeye yardım içindir.

Kişi bu kitabı defalarca okuyarak içsel görüş ve duyu geliştirir ve daha önce içinde var olmayana yaklaşır. Bu yeni edinilen görüşler, sıradan duyularımızdan gizlenmiş olan boşluğu hisseden algılayıcılar gibidirler.

Dolayısıyla, bu kitap manevi terimlerin düşüncesini geliştirmeye yardım amaçlıdır. Bu terimlerle bütünleştiğimiz ölçüde, tıpkı bir sisin kalktığı gibi, etrafımızı saran manevi yapının ortaya çıkışını içsel gücümüzle görmeye başlayabiliriz.

Yine, bu kitap olguların çalışılmasını hedeflememiştir. Bunun yerine, yeni başlayanların sahip oldukları en derin ve en güç algılanan hisleri uyandırmak için yazılmış bir kitaptır.

Dost Sevgisi

Grubun Amacı

Burada, Baal HaSulam'ın yolunu ve metodunu takip etmek isteyen herkes, bir grup olmak için bir araya geldik ki hayvan olarak kalmayalım ve insan denilen varlığın derecelerinde yükselelim.

Rabaş'ın Yazıları, 1. Bölüm, "Topluluğun Amacı"

Erdemliliğin İncileri

Erdemliğin İncileri, tüm nesillerin büyük Kabalistlerinin yazılarından, makalelerinden özellikle de Zohar Kitabının Sulam(Merdiven) Tefsirinin yazarı Yehuda Aşlag'dan derlenen alıntılardan oluşur. Bu yapıt, kaynağı referans alarak, insan yaşamının her aşamasıyla ilgili Kabalanın yenilikçi kavramlarını açıklar. Kabala çalışmak isteyen herkes için eşsiz bir hediyedir.

İlişkiler

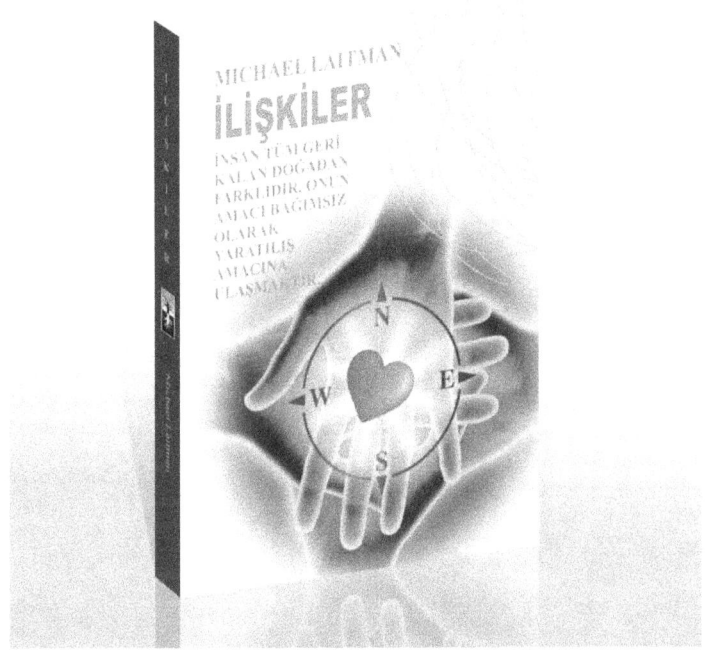

"Bilim ve kültürün gelişiminin yanı sıra, her nesil kendinden sonra gelen nesle, biriktirdiği ortak insanlık tecrübesini aktarır. Bu bellek bir nesilden diğerine, çürümüş bir tohumun enerjisinin yeni bir filize geçmesi gibi geçer. Belleğin aktarımında var olan tek şey, Reşimo veya enerjidir. Maddenin çürümesi gibi, insan bedeni de çürür ve tüm bilgi yükselen ruha aktarılır. Daha sonra bu ruh yeni bedene yerleşir ve bu bilgiyi veya Reşimo"yu hatırlar.

Genç bir çiftin çocuğunun dünyaya gelişinde tohumdan gelen bilgiyle, ölmüş bir insanın ruhunun yeni bir bedene geçerken beraberinde getirdiği bilgi, arasındaki fark nedir? Neticede anne ve baba hayatta ve çocukları da onlarla beraber yaşıyor! Hangi ruhlar, onların çocukları oldu?

Yüzyıllar boyunca tüm uluslar, doğal olarak sahip oldukları tüm bilgiyi miras yoluyla çocuklarına geçirmek için büyük bir arzu duydular. Onlara en iyi ve en değerli olanı aktarmak istediler. Bunu aktarmanın en iyi yolu yetiştirme tarzı, bilgiyi öğretmek, kutsal olduğu düşünülen fiziksel eylemler yöntemi ile düzenli toplum oluşturmaya çalışmak değildir.

Kabalanın Temel Kavramları

Bu kitabı okuyarak kişi daha önce var olmayan içsel alametler geliştirir.

Bu kitap, manevi terimlerin analizini hedefler. Bu terimlere uyumlu olmaya başladıkça, etrafımızı saran manevi yapının tıpkı bir sisin kaybolmaya başlaması gibi örtüsünü açmaya başladığına tanık oluruz.

Kabala kitapları, Baal HaSulam'ın dünyayı kötülüklerden kurtarmanın sadece ıslah metodunu yaymaya bağlı olduğunu belirten yönlendirmelerini izlemeyi amaçlamıştır, tıpkı şöyle dediği gibi, "Eğer gizli olan ilmi kitlelere nasıl yayacağımızı bilirsek, kurtuluşun tam eşiğindeki bir nesil oluruz."

Bu gerçekleştirmenin tek yolu olan Kabala kitaplarını tüm dünyayla paylaşmak olduğunu biliyoruz. Bu sebeple tüm bu kitapları internette ücretsiz olarak yayınlıyoruz. Amacımız her köşeye bu ilmi mümkün olduğunca yaymaktır. Basılmış kitapları pek çok insana ulaştırabilir, onlar vasıtasıyla ilmin başkalarına yayılmasına yardım edebilirsiniz.

Kabalanın İfşası

Kabalaya gizli ilim denilmesinin 3 nedeni vardır. Birincisi kabalistler tarafından özellikle gizlenilmiş olduğundan. Kabalanın insanlara öğretilmesi ilk 4000 yıl kadar öncelerine Hazreti İbrahim'e dayanmaktadır MÖ 1947-1948 yıllarına. Milat tarihinin başlangıcına kadar geçen 2000 yıllık süreçte bu öğreti gizlenmeden halka öğretilmekteydi. Hz İbrahim'in çadırının önünde oturup geçen yolculara gösterdiği misafirperverlik hikâyesini biliyoruz. Sunduğu yiyecek ve içeceklerle birlikte aynı zamanda insanlara bu ilmi anlattığını da biliyoruz. O dönemlerde var olan ruhlar bizim neslimize göre daha arıydılar ve bu öğretiyi daha doğal olarak anlayabildiler.

Kabalanın Gizli Bilgeliği

Artan krizler dünyasında, fırtınanın ortasında bir ışığa, yanlış giden şeylerin nereden kaynaklandığını görmemizi sağlayan ve en önemlisi de dünyamızı ve yaşamlarımızı daha huzurlu ve yaşanabilir kılmak için ne yapmamız gerektiğini öğreten bir rehbere ihtiyacımız var. Bu temel ihtiyaçlar sebebiyle bugün Kabala ilmi milyonlara ifşa olmuştur. Kabala, yaşamı geliştirme metodu olarak düzenlenmiştir. Kabala bir araç ve Kabala İlminin Gizli Bilgeliği bu aracı nasıl kullanacağımızı öğreten bir yöntemdir. Bu rehber, bu kadim bilimi günlük yaşantımıza uyarlamanın yanı sıra, Kabalanın temellerini öğrenmek için ihtiyacınız olan bilgiyi bize sunar.

Kaostan Ahenge

Kaostan Ahenge: Kabala İlmine Göre Küresel Krizin Çözümü, dünyanın bugün içinde bulunduğu endişe verici aşamasına yol açan unsurları açığa çıkarır.

Birçok araştırmacı ve bilim adamının hemfikir olduğu gibi, insanoğlunun sorunlarının kaynağı insan egosudur. Laitman'nın çığır açan yeni kitabı sadece insanlık tarihi boyunca tüm acıların kaynağı olan egonun ifşasını değil, aynı zamanda egolarımıza bağlı olarak, mutluluğa nasıl ulaşacağımızı ve sorunlarımızı nasıl fırsata dönüştüreceğimizi de açıklığa kavuşturur. Kitap iki bölümden oluşur. İlki, insan ruhunun analizi yaparak, ruhun nasıl egonun zehri olduğunu ortaya koyar. Bu kitap mutlu olmak için yapmamız gerekenlerin ve acıya sebep olduğu için kaçınmamız gerekenlerin bir haritasını çizer. Kitap boyunca Laitman'ın insanlık aşamasının analizi bilim kaynaklı veriler, çağdaş ve kadim Kabalistlerinden alınan örneklerle desteklenmiştir.

Kaostan Ahenge yeni bir varoluş aşamasına kolektif olarak yükselmemiz gerektiğini ve bu hedefi kişisel, sosyal, ulusal ve uluslararası seviyede nasıl başaracağımızı gösterir.

Niyetler

Derste otururken, sizinle beraber çalışanlar vasıtasıyla uyanan müşterek ruha bağlı olarak içsel değişimleri deneyimlersiniz. Herkes, siz de dahil, hepimizi birleştiren Kaynağa bağlanır... Beraber çalıştıkça hepimiz birbirimize bağlanmaya çalışırız. En önemli şey, herkesin aynı Kaynağa, aynı düşünceye bağlanmasıdır... Sadece bu güç bizi birbirimize bağlar.

Ruh ve Beden

Zamanın başlangıcından beri insan, varoluşun temel sorusuna cevap aramaktadır: Ben kimim, dünyanın ve benim var olmamızın sebebi ne, öldükten sonra bize ne oluyor? Hayatın anlamı ve amacı ile ilgili sorularımız, gündelik hayatın sınamaları ve acıları, küresel bir boyuta ulaştı – neden acı çekmek zorundayız? Bu sorulara cevap olmadığından, mümkün olan her yöne doğru araştırmalar yapılmaktadır.

Kadim inanç sistemleri, şimdilerde moda olan doğu öğretileri, bu arayışın bir parçasıdır. İnsanlık sürekli olarak varlığının akılcı kanıtını aramaktadır; insan binlerce yıldır doğanın kanunlarını araştırmaktadır.

Kabala bir bilim olarak bunun araştırılmasında bir yöntem öneriyor. Bu yöntem, insanın evrenin gizli olan bölümünü hissetme becerisini geliştirmesine olanak tanıyor. "Kabala" kelimesi "almak" demektir ve insanın en yüksek bilgiyi alma ve dünyayı doğru pencereden görme özlemini ifade eder.

Yarının Çocukları

Yarının Çocukları: 21. Yüzyılda Mutlu Çocuklar Yetiştirmenin Temel Esasları, siz ve çocuklarınız için yeni bir başlangıç olacaktır. Yeniden başlat düğmesine basabilmeyi ve bu sefer doğru olanı yapmayı hayal edin. Hiçbir mücadele, hiçbir sıkıntı ve en iyisi, hiçbir tahmin yok.

Büyük keşif şudur ki çocukları yetiştirmek, tamamen oyunlardan, onlarla oynamaktan, onlarla küçük yetişkinlermiş gibi ilişki kurmaktan ve tüm önemli kararları birlikte almaktan ibarettir. Çocuklara dostluk ve diğer insanların iyiliğini düşünmek gibi olumlu şeyleri öğretmekle, nasıl otomatik olarak günlük hayatınızın diğer alanlarını da etkilediğinizi görünce şaşıracaksınız.

Herhangi bir sayfayı açın ve orada, çocukların yaşamlarına ait her alana dair düşünceleri sorgulatan sözler bulacaksınız: ebeveyn – çocuk ilişkileri, dostluklar ve sürtüşmeler, okullar nasıl tasarlanır ve nasıl işler konusunda açık, net bir tablo. Bu kitap, her yerdeki tüm çocukların mutluluğunu amaç edinerek, çocukların nasıl yetiştirileceğine dair taze bir bakış açısı sunuyor.

Sonsuza Kadar Birlikte

Yani, eğer bir gün siz de kalbinizin derinlerinde, hafif bir "Şak!" hissederseniz, bilin ki şefkatli ve bilge bir sihirbaz size sesleniyor, çünkü sizin dostunuz olmak istiyor.

Ne de olsa, yalnız olmak çok üzücü olabilir.

İNTERNET AĞIMIZ

Ana sitemiz:

http://www.kabala.info.tr/

İlk internet sitemiz olup en temel dokümanların yayınlandığı portal sitemizdir. Kabala hakkında Türkçe olarak yayında olan dünyadaki en büyük doküman arşivi olarak kabul edilebilir.

Dr. Michael Laitman'ın Blog Sitesi:

http://laitman.info.tr/

Hocamız Dr. Michael Laitman'ın günlük derslerinden derlediği kısa makalelerinin yayınlandığı blog sitedir.

Bu blog sitesi şu an 19 dilde yayın yapmaktadır ve Türkiye'deki öğrenci ve dostlarımızın katkılarıyla site Türkçe olarak da yayınlanmaktadır.

Dr. Michael Laitman'ın Eğitim Sitesi:

http://michaellaitman.com/tr/

Bu sitede Dr. Michael Laitman'ın uluslararası kamuoyunda dile getirdiği güncel sorunlara yönelik sunumlarını ve bu konularla ilgili uzmanlarla yaptığı söyleşileri takip edebilirsiniz.

Dr. Laitman, eğitim metodoloji ve uygulamaları ile günümüzde eğitimin geçirdiği en sıkıntılı dönemlerde olumlu değişimi desteklemektedir. Eğitime yeni bir yaklaşım sunarak, bağımlı ve integral dünyada yaşamın gereklilikleri için eğitime yeni bir yaklaşım sunmaktadır.

ARI Enstitü Merkezi:

http://ariresearch.org/tr/

ARI Enstitüsü, kâr amacı olmayan bir organizasyon olarak kurulmuştur. Eğitim uygulamalarına, pozitif değişime yaratıcı fikirler ve çözümlerle, şimdiki neslimizin giderek daha çok ihtiyaç duyduğu eğitim konularına kendini adamış bir organizasyondur. ARI, entegre ve birbirine bağlı yeni dünya düzeninin ve kurallarının farkına varılmasını ve küresel yeni dünyada uygulanmasını yeni bir düşünce yaklaşımı olarak sunmaktadır. İletişim ağları, multimedya kaynak ve aktiviteleriyle, ARI uluslararası ve farklı akademik çalışma grupları arasında işbirliğini desteklemektedir.

Kabala İlmi Eğitim Sitemiz:

http://em.kabala.info.tr/

Bu site internet olanakları kullanılarak en geniş kapsamlı eğitimi insanlara sunmak için yapılmıştır. İnternet ortamında bulunan sınıflar ve dünyanın en geniş kapsamlı Kabalistik metinler kütüphanesi gibi hizmetler sunan Bney Baruh'un tüm çabası, sorularınıza cevaplar bulabileceğiniz ve içinde yaşadığımız dünyayı daha iyi anlayabilmenizi sağlayacak olan bir ortam yaratabilme üzerine yoğunlaşmaktadır. Tüm kurslar ücretsizdir.

Media Arşivi:

http://kabbalahmedia.info/

Bu sitemizde yıllardır işlenmekte olan tüm ders, çalıştay ve söyleşi programlarının video ve MP3 arşivine ücretsiz olarak ulaşabilirsiniz.

Kabala TV Sitesi:

http://kabalatv.info/

Her sabah 03:00 – 06:00 arası yapılan canlı dersleri bu sitenin ana sayfasından takip edebilirsiniz. Ayrıca bu sitede Bney Baruh Kabala Eğitim Merkezi'nin Türkçe dilinde düzenlediği tüm video arşivini inceleyebilirsiniz. Bu sitede ayrıca 24 saat canlı yayın yapan TV odası ve aynı zamanda belirli zamanlarda canlı yayın yapan Radyo odasına ulaşabilirsiniz.

Sviva Tova – İyi Çevre:

http://kabbalahgroup.info/internet/tr/

Bu sitede Bney Baruh dünya topluluğu ile ilgili günlük bildirimleri takip edebilirsiniz. Bu bildirimler sayesinde tüm etkinliklerimizden haberdar olup bu etkinliklere internet üzerinden dâhil olabilirsiniz.

Ari Film:

http://www.arifilms.tv/

Ari Film yapımcılarının Kabala İlmi hakkında gerçekleştirmiş oldukları tüm sinema ve video çalışmalarına bu site aracılığıyla ulaşabilirsiniz.

Kitap Sitemiz:

http://www.kabbalahbooks.info/

30 farklı dilde yayınlanmış tüm kitapları bu sitede inceleyebilirsiniz.

Müzik Sitemiz:

http://musicofkabbalah.com/

Her birimiz müziği farklı algılarız. İki kişinin aynı melodiyi nasıl algıladığını karşılaştırmak mümkün değildir. Kabala, ruhun ilmi, bu nedenden dolayı kişiye özeldir. Kabala ruhun tümüyle açılıp, yaratıldığı zaman içinde mevcut olan mutlak potansiyeline ulaşması için bir yoldur.

Bu sitede yer alan melodiler, çok büyük kabalistlerden biri olan Baal HaSulam ve geçmişteki Kabalistlerin yaptıkları bestelerin farklı değişimleriyle düzenlenmesinden oluşmuştur. Ziyaretçiler ayrıca müzik ve Kabala ile ilgili bazı materyallere bağlantı bulabilirler.

Sosyal Ağlar:

Tüm sosyal ağlarımızın kısa linklerine sitelerimize girerek ulaşabilirsiniz.

Katkı Sunun

Kabala İlmi bir grup çalışmasıdır. Dünya'nın birçok ülkesinde grupları bulunan Bney Baruh Kabala Eğitim Enstitüsü tüm faaliyetlerini öğrencilerinin gönüllü katkıları ile sürdürmektedir. Bu katkılar bireylerin niteliklerine göre değişmektedir. Sitemizde de incelediğiniz gibi Bney Baruh, prensipleri gereği, kullanılabilecek tüm Öğrenim Araçları ile Manevi Bilgi'yi öncesinde hiç bir ön koşul öne sürmeden tüm insanlığa ücretsiz olarak götürmeyi kendisine ilke edinmiştir.

Bu doğrultuda Manevi Dağıtıma katkı sunmak isteyenler **turkish@kabbalah.info** adresine yazarak Bney Baruh ile iletişime geçebilirler.

NOTLARIM

www.ingramcontent.com/pod-product-compliance
Lightning Source LLC
Chambersburg PA
CBHW071436080526
44587CB00014B/1874